Bibliografische Information der Deutschen Nationalbibliothek:

Die Deutsche Bibliothek verzeichnet diese Publikation in der Deutschen National-bibliografie; detaillierte bibliografische Daten sind im Internet über http://dnb.d-nb.de/ abrufbar.

Dieses Werk sowie alle darin enthaltenen einzelnen Beiträge und Abbildungen sind urheberrechtlich geschützt. Jede Verwertung, die nicht ausdrücklich vom Urheberrechtsschutz zugelassen ist, bedarf der vorherigen Zustimmung des Verla-ges. Das gilt insbesondere für Vervielfältigungen, Bearbeitungen, Übersetzungen, Mikroverfilmungen, Auswertungen durch Datenbanken und für die Einspeicherung und Verarbeitung in elektronische Systeme. Alle Rechte, auch die des auszugsweisen Nachdrucks, der fotomechanischen Wiedergabe (einschließlich Mikrokopie) sowie der Auswertung durch Datenbanken oder ähnliche Einrichtungen, vorbehalten.

Impressum:

Copyright © 2017 GRIN Verlag, Open Publishing GmbH
Druck und Bindung: Books on Demand GmbH, Norderstedt Germany
ISBN: 9783668468603

Dieses Buch bei GRIN:

http://www.grin.com/de/e-book/366100/einfuehrung-und-chancen-des-e-payment-dienstes-paydirekt

Nico Brockmann

Einführung und Chancen des E-Payment-Dienstes Paydirekt

GRIN Verlag

Bachelorarbeit

Einführung eines E-Payment-Dienstes am Beispiel von paydirekt

Nico Brockmann

Finanz Informatik GmbH & Co. KG

Bearbeitungszeitraum: 11.11.2016 bis 13. 02.2017

Abstract

Das Ziel der vorliegenden Bachelorarbeit ist es die Chancen des Online-Bezahlverfahrens paydirekt auf dem Markt der elektronischen Zahlungssysteme zu bewerten. Dazu wird zunächst eine Analyse der Kundenanforderungen an Zahlungssysteme basierend auf einer Onlineumfrage durchgeführt. Davon ausgehend folgt eine Nutzwertanalyse ausgewählter klassischer und elektronischer Verfahren, mit dem Ziel die individuellen Stärken und Schwächen dieser herauszuarbeiten. Dabei konnte sich keine der betrachteten Bezahl-Alternativen erheblich von den Übrigen herausheben. Weiterhin liefert die Analyse die Erkenntnis, dass paydirekt konkurrenzfähig ist und über Potential verfügt sich im Onlinehandel zu etablieren. Die Verbreitung gestaltet sich jedoch aufgrund des vorliegenden Netzwerkeffektes von Zahlungssystemen als kompliziertes und langwieriges Vorhaben. Abschließend liefert der Autor Handlungsempfehlungen, um dieses Bestreben weiter zu forcieren und den Kundenutzen des Dienstes zu stärken.

Inhaltsverzeichnis

Abkürzungsverzeichnis

E-Payment	Electronic Payment
Finanz Informatik	Finanz Informatik GmbH & Co. KG
GmbH	Gesellschaft mit beschränkter Haftung
GP	giropay
IBAN	International Bank Account Number
IT	Informationstechnologie
KG	Kommanditgesellschaft
KK	Kreditkarte
M-Payment	Mobile Payment
mPoS	mobile Point of Sale
P2P	Peer-to-Peer
PD	Paydirekt
PIN	Persönliche Identifikationnummer
PoS	Point of Sale
PP	PayPal
RE	Rechnung
SÜ	SOFORTüberweisung
TAN	Transaktionsnummer
VK	Vorkasse
WWW	World Wide Web

Abbildungsverzeichnis

Tabellenverzeichnis

1 Einleitung

Die Geschichte der Zahlungsmittel reicht bis in das fünfte Jahrtausend vor Christus zurück. Die Art und Weise der Bezahlung unterliegt seitdem einem kontinuierlichen Veränderungsprozess.[1] Zu Beginn fand ein reiner Austausch von Gütern statt, welcher zunächst durch den Handel mit Münzgeld, später Papiergeld und schließlich virtuellem Giralgeld ersetzt wurde.[2] Banken unterstützen den wirtschaftlichen Handel hierbei durch die Bereitstellungen von Finanzdienstleistungen. Diese Funktion konnten sie seit ihrer Gründung im zwölften Jahrhundert konstant ausüben und ihre Bedeutung für die wirtschaftliche Wertschöpfung festigen.[3] Doch seit Beginn der 1990er Jahre befinden sich die Banken und der Zahlungsverkehr in einem dynamischen Veränderungsprozess.[4] Während anfangs die Zeitabstände zwischen Innovationen und Veränderungen im Zahlungsverkehr bei mehreren Jahrhunderten lagen, haben sich die Innovationszyklen zuletzt auf wenige Jahre oder Monate verkürzt.[5] Dies führt zu einem immer schnelleren Wandel der Finanzindustrie, der besonders durch den technischen Fortschritt und die damit einhergehende Digitalisierung zurückzuführen ist.[6] Die sogenannte Digitalisierung bezeichnet in diesem Kontext die Durchdringung der Informationstechnologie (kurz IT) in alle Lebensbereiche der Gesellschaft. Dies führt zu Veränderungen von Arbeitsabläufen, Konsumgewohnheiten sowie Geschäftsmodellen.[7] Infolgedessen haben sich auch die Anforderungen, welche die Kunden an ihre Finanzgeschäfte stellen sich deutlich verändert.[8] Die grundlegenden Kundenbedürfnisse, sicheres Banking mit individueller Beratung durch einen persönlichen Berater bleiben zwar bestehen, doch hat sich die Art und Weise, wie dies erfolgen soll, stark gewandelt.[9] Einfache Prozesse möchte der Kunde selbstständig von zuhause und zu jeder

---

[1] Vgl. Judt (2006), S. 22ff.

[2] Vgl. Hartmann et. al. (2010), 266ff.

[3] Vgl. Alt/Puschmann (2016), S. 5.; Vgl. Judt (2006), S. 21.

[4] Vgl. Keck/Hahn (2007), S. 16.

[5] Vgl. Lammer (2006), S. 22ff.

[6] Vgl. http://www.it-finanzmagazin.de/dsgv-joachim-schmalzl-verantwortet-die-strategie-fuer-die-bereiche-payment-und-digitalisierung-27457/ (Aufruf: 13.01.2017).

[7] Vgl. Wittpahl (2017), S. 5ff.

[8] Vgl. Alt/Puschmann (2016), S. 21ff.

[9] Vgl. Bain & Company (2012).

Tageszeit erledigen können.[10] Dabei wünscht dieser eine flexible Wahl des Vertriebskanals. Er unterscheidet nicht zwischen Offline- und Online-Geschäft und hält es für selbstverständlich, dass diese nahtlos ineinander übergreifen.[11] Den als innovationsschwach betitelten Banken wird häufig vorgeworfen, nicht angemessen auf die neuen Anforderungen zu reagieren.[12] Die augenscheinliche Diskrepanz zwischen den geänderten Kundenanforderungen und der Umsetzung dieser in den Finanzdienstleistungen der Banken schafft einen Markt für neue Wettbewerber.[13] Direktbanken, ohne eigenes Filialnetz, und FinTechs[14] drängen mit neuartigen Finanzdienstleistungen in den Finanzmarkt ein. Ihre Geschäftsmodelle sind geprägt von einer hohen Kundenorientierung und innovativen Dienstleistungen. [15] Sie profitieren von der Tatsache, dass die immateriellen Bankdienstleistungen nahezu ausschließlich auf Informationstechnologie beruhen und sich dadurch mit vergleichsweise geringem Aufwand imitieren und über neue digitale Kanäle vertreiben lassen.[16] Noch können die Banken ihre Vorherrschaft im Zahlungsverkehr gegen die neuen Wettbewerber behaupten, doch der Konkurrenzdruck steigt zunehmend.[17] Mit der Aussage *„Banking is a necessay, Banks are not"*[18] prophezeite der Microsoft Gründer Bill Gates bereits im Jahr 1994 das Ausscheiden der Banken vom Zahlungsmarkt. Die Entwicklung der vergangenen Jahre hat bereits zu bedeutenden Veränderungen in der Finanzindustrie geführt. Viele Experten sind jedoch der Meinung, dass sich die Branche erst am Anfang eines tiefgreifenden Veränderungsprozesses befindet, welcher die Banken zunehmend vor komplexe Herausforderungen stellt.[19]

---

[10] Vgl. http://www.it-finanzmagazin.de/dsgv-joachim-schmalzl-verantwortet-die-strategie-fuer-die-bereiche-payment-und-digitalisierung-27457/ (Aufruf: 13.01.2016).

[11] Vgl. Bain & Company (2012).

[12] Vgl. Wittpahl (2017), S. 6.

[13] Vgl. Krause (2013), S. 1.

[14] Als FinTechs werden Startups verstanden, die neuartige finanztechnologische Lösungen auf den Markt bringen. (Vgl. Waupsch 2016 S. 66.).

[15] Alt/Puschmann (2016), S. 202.

[16] Vgl. Keck/Mertes (2015), S. 195.; Alt/Puschmann (2016), S. 1.

[17] Vgl. Waupsch (2016), S. 64ff.

[18] Bill Gates (1994).

[19] Vgl. Britzlmaier/Geberl (2013), S. 87.

1.1 Motivation und Zielsetzung

Um sich dem dynamischen Markt anzupassen und ihre eigene Wettbewerbsposition zu festigen, sind die Banken angehalten auf den Wandel zu reagieren und ihre Dienstleistungen an den geänderten Anforderungen und neuen Wettbewerbern auszurichten.[20] Diese Arbeit basiert auf Untersuchungen innerhalb der Finanz Informatik GmbH & Co. KG (nachfolgend Finanz Informatik), dem IT-Dienstleister der Sparkassen-Finanzgruppe. Das Angebot der Finanzinformatik reicht von der Entwicklung und Bereitstellung von IT-Anwendungen, Netzwerken, technischer Infrastruktur und Rechenzentrumsbetrieb bis zur Beratung und Schulung der Sparkassenmitarbeiter. Insgesamt verwaltet das Unternehmen 122 Millionen Konten. Auf dem System werden jährlich über 102 Milliarden Transaktionen getätigt. Gemessen an diesen Zahlen ist die Finanz Informatik einer der größten IT-Finanzdienstleister Europas.[21] Das Ziel des Unternehmens ist es, die Sparkassen für den dynamischen Wettbewerb zu unterstützen und dadurch deren Markposition zu festigen.[22] Aus diesen Bemühungen schuf die deutsche Kreditindustrie ein einheitliches Bezahlverfahren für den Onlinehandel. Unter dem Namen **paydirekt** wurde der Dienst Ende 2015 produktiv geschaltet.[23] Viele Experten halten dies, vor dem Hintergrund, dass mit PayPal ein vergleichbarer Dienst bereits im Jahr 1999 online ging, als verspätete Reaktion auf die dynamischen Veränderungen des Zahlungsmarktes.[24] Doch welche Chancen hat der Dienst sich auf dem umkämpften Markt der Online-Zahlungsverfahren zu etablieren? Ziel der Arbeit ist es den Zahlungsdienst paydirekt im Vergleich zu anderen Zahlungsverfahren im Onlinehandel zu bewerten. Dazu werden sowohl Schwachstellen als auch Stärken des Verfahrens aufgezeigt. Darauf aufbauend sollen Handlungsempfehlungen aufgezeigt werden, um den Dienst weiter zu etablieren und die Nutzung zu fördern.

1.2 Vorgehensweise

Zum thematischen Einstieg wird zunächst grundlegendes theoretisches Wissen zu Geschäftsmodellen und deren Wandel vermittelt. Nach der anschließenden Einordnung von

---

[20] Vgl. Bain & Company (2012).

[21] Vgl. https://www.f-i.de/Unternehmen (Aufruf: 25.01.2017).

[22] Vgl. http://www.it-finanzmagazin.de/dsgv-joachim-schmalzl-verantwortet-die-strategie-fuer-die-bereiche-payment-und-digitalisierung-27457/ (Aufruf: 13.01.2016).

[23] Vgl. https://www.paydirekt.de/presse/medien/170106_Fast-Facts.pdf (Aufruf: 25.01.2017).

[24] Vgl. https://www.it-finanzmagazin.de/paydirekt-unser-potential-sind-50-millionen-deutsche-online-banking-konten-21630/ (Aufruf: 25.01.2017).

Finanzdienstleitungen als Bestandteil ökonomischer Transaktionen, folgt ein theoretischer Ansatz zur Marktdurchdringung durch neue Wettbewerber. Daraufhin wird die Entstehung des Geschäftsmodells Electronic Payment vorgestellt und verschiedene Zahlungssysteme im Onlinehandel sowie die Anforderungen, welche an diese gestellt werden, aufgezeigt. Hierbei wird paydirekt, dem zentralen Untersuchungsgegenstand dieser Arbeit, ein eigenes Kapitel gewidmet. Neben Informationen über den Dienst selbst wird dabei besonders auf Problematik bei der Einführung des Dienstes eingegangen. Anschließend erfolgt eine empirische Datenerhebung der Kundenanforderungen an Zahlungssysteme in Form einer Onlineumfrage. Auf Grundlage der Umfrage, wird in Kapitel fünf eine nwa ausgewählter Zahlungsverfahren. Der Fokus liegt dabei auf einem Vergleich der verschiedenen Verfahren und der Positionierung von paydirekt zu dessen Konkurrenz. Darauf aufbauend gibt der Autor im letzten Kapitel Handlungsalternativen zur weiterführenden Etablierung des Dienstes. Aufgrund der Tatsache, dass paydirekt zunächst nur für Kunden von deutschen Banken und Sparkassen zugänglich ist, sind sämtliche Betrachtungen und Annahmen dieser Arbeit auf die nationale Ebene beschränkt.

2 Grundlagen

Das folgende Kapitel liefert die theoretischen Grundlagen, auf denen die Untersuchungen und Erkenntnisse dieser Arbeit aufbauen.

2.1 Ökonomische Transaktionen

Ökonomische Transaktionen bilden die Basis wirtschaftlichen Handelns.[25] Sie beschreiben den Übergang eines Wirtschaftsobjektes von einem Wirtschaftssubjekt auf ein anderes.[26] Bei dem getauschten Gegenstand kann es sich um Güter oder Forderungen handeln. Güter umfassen Waren, Dienstleistungen oder Faktorleistungen. Forderungen hingegen beschreiben den Anspruch auf Entgelt für ein getauschtes Gut.[27] Erfolgt die Übertragung eines Gutes oder einer Forderung ohne Gegenleistung, wird dies als Schenkung bezeichnet.[28] In dieser Arbeit wird lediglich der Handel mit Gütern gegen Forderungen behandelt, was einen Großteil der getätigten Transaktionen ausmacht und den Güterkauf oder Güterverkauf beschreibt.[29]

Der primäre Wertschöpfungsprozess des Kaufes oder Verkaufes läuft dabei in drei Phasen ab.[30] Zu Beginn steht die **Informationsphase**, in welcher sich ein Kunde über passende Güter, Anbieter, rechtliche Bedingungen und Konditionen informiert.[31] Ist die Wahl getroffen, folgt die **Vereinbarungsphase**. Hier verhandeln beide Transaktionspartner über Preis, Gegenstand und die Modalitäten der Bezahlung.[32] In der letzten Phase, der **Abwicklungsphase**, erfolgt der Leistungsaustausch. Sie ist geprägt von der Lieferung des Produktes und der Bezahlung als Gegenleistung.[33]

Banken agieren als Unterstützer des primären Wertschöpfungsprozesses ökonomischer Transaktionen. Sie bieten Finanzdienstleistungen, wie die Abwicklung von Zahlungen,

---

[25] Vgl. Alt/Puschmann (2016), S. 3ff.

[26] Vgl. Stobbe (2013), S. 13.

[27] Vgl. Priddat (2015), S.154.

[28] Vgl. Stobbe (2013), S. 13.

[29] Vgl. Priddat (2015), S. 154ff.

[30] Vgl. Alt/Puschmann (2016), S. 4.

[31] Vgl. Stähler (2008), S. 148ff.

[32] Vgl. Alt/Puschmann (2016), S. 4.

[33] Vgl. Stähler (2008), S. 149ff.

Güterfinanzierung mittels Kredit oder das Aussprechen von Zahlungsgarantien.[34] Die Bereitstellung dieser Dienstleistung bildet einen sekundären Wertschöpfungsprozess, welcher sich vom primären Wertschöpfungsprozess, dem Güterkauf, ableiten lässt und in dessen Abwicklungsphase angestoßen wird.[35] Viele Jahrhunderte konnten die Banken ihre Monopolstellung bei der Bereitstellung der unterstützenden Finanzdienstleistungen beibehalten. In den vergangenen Jahren nahm der Konkurrenzdruck durch neue Wettbewerber jedoch deutlich zu.[36] Die nachfolgenden Unterkapitel liefern einen theoretischen Ansatz für diesen Effekt und beschreiben mögliche Strategien der Banken, um auf diese Entwicklung zu reagieren.

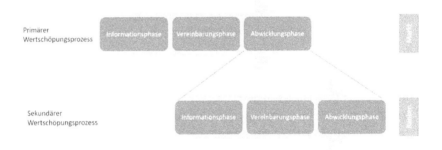

Abbildung 1 - Phasen ökonomischer Transaktionen.[37]

2.2 Disruptive Innovationen

Die Theorie **disruptiver Innovationen** beschreibt einen marktbasierten Ansatz für das Scheitern etablierter Unternehmen am Markt und liefert den theoretischen Hintergrund für die Notwendigkeit der Banken, sich dem dynamischen Zahlungsmarkt anzupassen.[38] Zugleich beschreiben die folgenden Unterkapitel eine wirksame Strategie, zur Einführung und

---

[34] Vgl. Alt/Puschmann (2016), S. 4ff.

[35] Vgl. Stähler (2008), S. 149ff.

[36] Vgl. Waupsch (2016), S. 64ff.

[37] Eigene Darstellung, angelehnt an Alt/Puschmann (2016), S. 142ff.

[38] Vgl. Weitert (2014), S. 11.

6

Etablierung neuer Produkte und Dienstleistungen am Markt.[39] Zum Verständnis des Effektes werden zunächst die Begriffe Geschäftsmodell und Innovation definiert. Daraufhin werden beide Begriffe zueinander in Beziehung gesetzt, indem die Auswirkungen von Innovationen auf Geschäftsmodelle erläutert werden.

2.2.1 Geschäftsmodell

Ein Geschäftsmodell ist definiert als eine „[...] vereinfachte Abbildung einer auf Gewinn abzielenden Unternehmung [...]", das aus den „wesentlichen Elementen [...] und deren Verknüpfungen [...]" besteht.[40] Das zentrale Ziel von Geschäftsmodellen liegt dain, die Elemente so zu kombinieren, dass diese sich gegenseitig verstärken und ein wirtschaftlicher Nutzen erzielt wird.[41] In der Literatur ist dabei keine einheitliche Definition gegeben, welche Elemente ein Geschäftsmodell beschreiben.[42] Als grundlegende Bestandteile eines Geschäftsmodells sind jedoch häufig die Kundensegmente, Kundenkanäle, Leistungen, Prozesse, Ressourcen, Partner sowie die Kosten und Umsätze eines Unternehmens definiert.[43] Aus einer günstigen Kombination dieser Elemente folgt die Erstellung von Dienstleitungen und Produkten[44] sowie eine Erhöhung des Kundennutzens.[45] Der neu geschaffene Kundennutzen, soll die Beziehungen zu diesen stärken und die Differenzierung gegenüber Wettbewerbern fördern, mit dem Ziel, dem Unternehmen einen Wettbewerbsvorteil zu verschaffen.[46]

Durch die logische Abbildung der Zusammenhänge in einem Unternehmen, dient das Geschäftsmodell als Analyse- und Planungsinstrument. Ein Modell des IST-Zustandes eines Unternehmens erlaubt die Bewertung der einzelnen Elemente und deren Zusammenhänge. Ein SOLL-Modell wird über die Rekombination bzw. Veränderung der Elemente, mit dem Ziel den wirtschaftlichen Nutzen zu optimieren, geschaffen.[47] Ein Geschäftsmodell liefert den

---

[39] Vgl. Weitert (2014), S. 15ff.

[40] Vgl. Meinhardt (2013), S.8.

[41] Vgl. Schallmo (2013), S. 22.

[42] Vgl. Küpper (2010), S. 46ff.

[43] Vgl. Schallmo (2013), S. 22.

[44] Vgl. Wirtz (2010), S. 70.

[45] Vgl. Meinhardt (2013), S. 10.; Osterwalder/Pigneur (2011), S. 14.

[46] Vgl. Wirtz (2010), S. 70.

[47] Vgl. Schallmo (2013), S. 22.

7

Banken somit ein Werkzeug, welches es ihnen erlaubt ihre eigenen Geschäftstätigkeiten modellhaft abzubilden und anhand der einzelnen Elemente zu analysieren. Dies ermöglicht es die eigenen Stärken und Schwächen zu identifizieren. Davon ausgehend besteht für die Banken die Möglichkeit, ihre Geschäftstätigkeit abzuändern, um sich dem Wettbewerb anzupassen und gegen die neuen Mitbewerber zu behaupten.[48] Die dafür notwendigen Veränderungen werden durch Innovationen herbeigeführt, welche im folgenden Kapitel beschrieben sind.

2.2.2 Innovation

Das Wort Innovation leitet sich von dem lateinischen Wort „innovare" ab, was sich mit „Neuerung" oder „Erneuerung" übersetzen lässt. Im allgemeinen Sprachgebrauch wird darunter häufig eine neue Technologie oder ein neuartiges Produkt verstanden.[49] Für den Begriff ist in der Literatur keine allgemeingültige Definition beschrieben. Aus ergebnisorientierter Sichtweise sind Innovationen, „am Markt oder unternehmensinterne qualitative Neuerungen, mit dem Ziel der Verbesserungen des eigenen wirtschaftlichen Erfolgs"[50]. Die betriebswirtschaftliche Definition sieht die Erfüllung der Unternehmensziele auf eine neuartige Weise als zentrales Ziel einer Innovation.[51] Andere Ansätze verstehen den Begriff als einen mehrstufigen und komplexen Prozess.[52] Dieser ist als eine Abfolge von Aktivitäten und Entscheidungen beschrieben, die zur Vermarktung eines Produktes oder Einführung eines Prozesses führen.[53] Für eine differenzierte Betrachtungsweise ist das Innovationsobjekt, der Innovationsgrad sowie die Innovationsdimension zu beachten.

Das **Innovations-Objekt** beschreibt worauf sich eine Innovation auswirkt:[54]

- **Leistungs-Innovationen** beschreiben die bedarfsgerechte Erneuerung und Verbesserung von Produkten oder Dienstleistungen.
- **Prozess-Innovationen** führen zu einer effizienteren[55] Herstellung von Produkten oder Dienstleistung.

---

[48] Vgl. Waupsch (2016), S. 68ff.

[49] Vgl. http://www.duden.de/rechtschreibung/Innovation (Aufruf: 25.01.2017).

[50] Vgl. Küpper (2010), S. 37.

[51] Vgl. Sammer/Wirtz (2006), S. 30.

[52] Vgl. Schulthess (2012), S. 6ff.

[53] Vgl. Sielaff (2009), S. 9ff.

[54] Vgl. Sielaff (2009), S. 9ff.; Gerybadze (2004), S. 77.

- **Markt-Innovationen** umfassen die Identifikation neuer und Veränderungen bestehender Märkte.
- **Sozial-Innovationen** nehmen Einfluss auf Lebensstile und den sozialen Wandel.

Der Innovationsgrad beschreibt die **Auswirkungen** einer Innovation: [56]

- **Inkrementelle Innovationen** bilden geringe Veränderungen. Von ihnen gehen geringe Chancen und Risiken aus.
- **Radikale Innovationen** hingegen schaffen tiefgreifende Veränderungen, quantitativer und qualitativer Art, die auf die Innovationsobjekte wirken. Sie beinhalten hohe Chancen bei einem hohen Risiko.

Unter der **Innovationsdimension** versteht man die Perspektive einer Neuigkeitseigenschaft. Sie beschreibt, für wen eine Innovation eine Erneuerung darstellt:[57,58]

- Die **unternehmensorientierte Perspektive** gibt die Neuigkeitseigenschaft eines Produktes oder Prozesses für das eigene Unternehmen an.
- Die **kundenorientierten Perspektive** beinhaltet aus einer Innovation resultierenden Veränderungen für die Kunden eines Unternehmens.
- Die **wettbewerbsorientierte Perspektive** beschreibt wie lange sich eine Innovation bereits auf dem Markt befindet oder auf diesen einwirkt.

2.2.3 Auswirkung der Innovationen auf Geschäftsmodelle

Wie im vorangehenden Kapitel erläutert, führen Innovationen zu Neuerungen auf einem bestimmten Innovationsobjekt, wie einem Produkt, einem Prozess oder einem Markt.[59] Bei dem Innovationsobjekt kann es sich auch um ein oder mehrere Elemente eines Geschäftsmodells handeln. Diese werden dahingehend verändert, dass sie auf einen erhöhten wirtschaftlichen Nutzen abzielen.[60] Die bewusste Rekombination oder Weiterentwicklung der

---

[55] Eine effiziente Herstellung ist durch eine hohe Produktivität bei minimalem Ressourcenaufwand gekennzeichnet. (Vgl. Branz (2009), S. 9ff.).

[56] Vgl. Küpper (2010), S. 40ff.; Günther et al. (2008), S. 19.

[57] Vgl. Küpper (2010), S. 46ff.

[58] Vgl. Schallmo (2014), S. 8.

[59] Vgl. Kapitel 2.2.2.

[60] Vgl. Schallmo (2014), S. 27.

Elemente wird als **Geschäftsmodellinnovation** bezeichnet.[61] Somit bleibt festzuhalten, dass Innovationen bestehende Geschäftsmodelle verändern oder gar neue Bereiche schaffen können.[62] Die erfolgreiche Weiterentwicklung von Geschäftsmodellen ermöglicht es einem Unternehmen neuartige Produkte oder Dienstleistungen anzubieten und mit diesen neue oder zuvor unbekannte Kundenbedürfnisse abzudecken.[63] Dies führt zu einer Differenzierung gegenüber den Mittbewerbern und verschafft dem Unternehmen einen Wettbewerbsvorteil.[64]

In welcher Beziehung die aus dem Innovationsprozess resultierenden Geschäftsmodelle zu den traditionellen Modellen stehen, ist dabei von der Art der Innovation abhängig. Der Autor Christensen (2006) unterscheidet zwischen disruptiven (ablösenden) und substaining (erhaltenden) Innovationen.[65]

- **Erhaltende Innovationen** führen zu einer Verbesserung bestehender Produkte entlang der vorherrschenden Maßstäbe.[66] Es entwickeln sich komplementäre Geschäftsmodelle, die ergänzend zu den traditionellen Geschäftsmodellen parallel fortbestehen.[67]
- **Disruptive Innovationen** hingegen schaffen neuartige Produkte, Technologien oder Prozesse und ändern die Maßstäbe und Kriterien, nach welchen deren Leistungsfähigkeit bewertet werden.[68] Die resultierenden Geschäftsmodelle, drängen auf den Markt und drohen die traditionellen Geschäftsmodelle mit ihren alten Produkten, Technologien und Prozessen zu ersetzen. Dieser fortlaufende Verdrängungsprozess kann sich dabei in kurzer Zeit abspielen oder viele Jahre andauern.[69] Die Geschäftsmodelle bieten häufig nutzerfreundlichere Produkte oder Dienstleistungen und zeugen von einer hohen Kundenorientierung.[70]

---

[61] Vgl. u.a. Coles/Mitchel (2010), S. 136.

[62] Vgl. Christensen (2006), S. 49.

[63] Vgl. Osterwalder/Pigneur (2010), S. 136.; Stähler (2008), S. 2.

[64] Vgl. Ahrendt (2016), S. 358ff.

[65] Vgl. Christensen (2006), S. 32.

[66] Vgl. Danneels et al. (2011), S. 121ff.

[67] Vgl. Schöberl (2008), S. 12.

[68] Vgl. Danneels et al. (2011), S. 121ff.

[69] Vgl. Weitert (2014), S. 17.

[70] Vgl. Christensen (2006), S. 49.

Ob eine Innovation für ein Unternehmen disruptiv oder erhaltend ist, hängt von dessen Umfeld und Management sowie dem Markt selbst ab. Das Scheitern etablierter Unternehmen ist folglich nicht auf eine reine Innovation selbst, sondern aus den daraus resultierenden Geschäftsmodellen zurückzuführen.[71] So sind es häufig unbekannte Unternehmen („Entrants"), die mit disruptiven Geschäftsmodellen in den Markt drängen und den etablierten Wettbewerbern („Incumbents") ihre Position streitig machen.[72,73] Auf dem Finanzmarkt nehmen die traditionellen Banken die Position der Incumbents ein, welche die Erhaltung ihrer Marktposition anstreben. Dabei sehen diese sich gezwungen, neue Produkte, Technologien und Innovationen der neuen Wettbewerber zu überwachen. Eine zentrale Aufgabe besteht darin, disruptives Potential einer Innovation frühzeitig zu erkennen und das eigene Geschäftsmodell dementsprechend anzupassen.[74] Diese anpassenden Innovationen sind somit für den langfristigen Fortbestand eines Unternehmens am Markt zwingend notwendig.[75]

3 Entstehung des Geschäftsmodells Electronic Commerce

Die theoretische Veränderung bzw. Entstehung neuer Geschäftsmodelle durch Innovationen wird im folgenden Kapitel anhand des Beispiels des Onlinehandels aufgezeigt.

3.1.1 Internet als Motor für neue Geschäftsmodelle

Obwohl die Begriffe Internet und World Wide Web (kurz WWW) im allgemeinen Sprachgebrauch häufig als Synonym verstanden werden, sind die Bezeichnungen voneinander abzugrenzen. Als Internet bezeichnet man ein globales Rechnernetz, das aus einer Vielzahl verschiedener lokaler und nationaler Einzelnetze besteht.[76] Ursprünglich als Kommando- und Überwachungsnetz zu Militärzwecken entwickelt, wuchs das Netz durch den Zusammenschluss einzelner Netze immer weiter. Heute ermöglicht es einen weltweiten Informationsaustausch zwischen angebundenen Rechnern.[77] Beim WWW hingegen handelt es sich um eine einfach zu bedienende Nutzerschnittstelle. Sie ermöglicht es dem Nutzer

---

[71] Vgl. Christensen (2006), S. 56 ff.

[72] Vgl. Schöberl (2008), S. 12.

[73] In Anhang elf ist ein Beispiel einer disruptiven Innovation ausführlich beschrieben.

[74] Vgl. Weitert (2014), S. 12ff.

[75] Vgl. Ahrendt (2016), S. 358ff.

[76] Vgl. Chenou et. al. (2014), S. 116.

[77] Vgl. Hoffmann/Hüllermeier (2012), S. 251ff.

Webseiten aufrufen und liefert somit eine grafische Nutzeroberfläche zu Nutzung des Netzwerkes.[78] Die Einführung des WWWs Anfang der 1990er Jahre machte das Internet für private Nutzer attraktiv.[79] Die Anzahl der Internetnutzer in Deutschland ist seitdem kontinuierlich gestiegen und liegt heute bei 79 %.[80,81]

Mit zunehmender Nutzung des Internets, gewann eine kommerzielle Verwendung der Technologie schnell an hoher Attraktivität. So bildeten sich aus der Technologie des Internets neuartige Geschäftsmodelle. Ein Beispiel dafür ist der Electronic-Commerce.[82]

3.1.2 Entwicklung des Electronic-Commerce in Deutschland

Die Erschließung des Internets als neuer Vertriebsweg führt in vielen Branchen zu einem Strukturwandel.[83] Die bestehenden Geschäftsmodelle werden um das Element der digitalen Vertriebswege erweitert. Diese Verlagerung des primären Wertschöpfungsprozesses einer ökonomischen Transaktion, dem Güterkauf und Güterverkauf, auf einen digitalen Vertriebskanal wird als Electronic-Commerce (kurz E-Commerce) bezeichnet.[84] In der Literatur ist E-Commerce als der „Handel mit Waren, Dienstleistungen und Informationen über das Internet" definiert.[85] Neben der eigentlichen Transaktion zählen sämtliche Pre- und Postsale-Aktivitäten, also sekundäre Wertschöpfungsprozesse, die sich aus den primären Wertschöpfungsprozess ergeben, zum E-Commerce.[86] Diese Aktivitäten, wie der Versand, die Zahlung oder Marketing können sowohl über das Internet als auch auf analogem Weg erfolgen.[87]

---

[78] Vgl. Chenou et. al. (2014), S. 120.

[79] Vgl. https://www.w3.org/Consortium/facts#history (Aufruf: 25.01.2017).

[80] Vgl. D21 Digital-Index (2016), S. 13ff.

[81] Anzumerken ist dabei, dass der Anteil der 14 – 29 jährigen bei nahezu 99 % liegt. Mit zunehmendem Alter der Befragten sinkt der Anteil der Internetnutzer. (Vgl. D21 Digital-Index (2016), S. 15.).

[82] Vgl. Hoffmann/Hüllermeier (2012), S. 260.

[83] Vgl. Clement/Schreiber (2010), S. 253.

[84] Vgl. Stähler (2008), S. 148ff.

[85] Vgl. Seifert (2013), S. 5.

[86] Vgl. Fost (2014), S.8ff.

[87] Vgl. Alt/Puschmann (2016), S. 4.

12

Viele Definitionen beschreiben lediglich den Business-to-Consumer-Markt (B2C-Markt). Eine speziellere Definition umfasst sämtliche elektronische Transaktionen zwischen einer Organisation und einer Drittpartei. Diese können finanzieller oder nicht finanzieller Art sein. Bei der Drittpartei kann es sich neben den Konsumenten (B2C) auch um Geschäftskunden (B2B) oder anderen Organisationen handeln.[88]

Parallel zum Siegeszug des Internets hat sich auch der Onlinehandel positiv entwickelt. Der durch E-Commerce erzielte Umsatz in Deutschland ist seit Beginn stetig gewachsen und lag im Jahr 2016 bei ca. 44 Milliarden Euro.[89] Als Vorreiter der Onlineshops gilt Jeff Bezos, dessen Online Buchladen Amazon 1995 online ging. Heute bietet der Versandhändler eine breitgefächerte Produktpalette von Waren und Services in über 190 Ländern an.[90]

Während die Anzahl der Internetnutzer in Zukunft zu stagnieren scheint, sind die Umsatzprognosen für den Onlinehandel durchaus positiv.[91] Der Online-Anteil am Gesamthandel lag im Jahr 2015 bei lediglich 11,6 %.[92] Ein Großteil des Potentials des Onlinehandels ist somit noch nicht ausgeschöpft, weshalb auch in Zukunft mit wachsendem Umsatz zu rechnen ist.[93] Mit genauem Blick auf die Statistik wird deutlich, dass 40 % der Umsätze von den zehn größten Onlineshops stammen.[94] Amazon ist der umsatzstärkste Versandhandel in Deutschland und konnte im Jahr 2015 7,8 Mrd. Euro umsetzen, was 19 % des Gesamtumsatzes in Deutschland entspricht.[95]

---

[88] Vgl. Fost (2014), S.8ff.

[89] Vgl. http://www.einzelhandel.de/index.php/presse/zahlenfaktengrafiken/item/110185-e-commerce-umsaetze (Aufruf: 25.01.2017).

[90] Vgl. https://amazon-presse.de/Top-Navi/Unternehmen/-ber-Amazon.html (Aufruf: 25.01.2017).

[91] Vgl. http://www.retailmenot.de/studien/internationale-ecommerce-studie-2016 (Aufruf 25.01.2017).

[92] Vgl. https://www.bevh.org/markt-statistik/zahlen-fakten/ (Aufruf 25.01.2017).

[93] Vgl. eBusiness-Lotse (2015), S. 13.

[94] Vgl. https://de.statista.com/statistik/daten/studie/170530/umfrage/umsatz-der-groessten-online-shops-in-deutschland/ (Aufruf: 13.01.2017).

[95] Vgl. EHI Retail Institut (2016), S. 24.

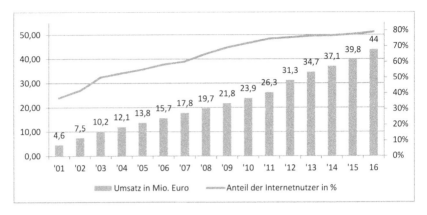

Abbildung 2 - Entwicklung des Internets und E-Commerce in Deutschland.[96]

3.2 Electronic Payment als Geschäftsmodell

Mit der Erschließung des Internets als Vertriebskanal und dem daraus resultierenden Erfolg des E-Commerce sahen viele Experten die Notwendigkeit, speziell an die Anforderungen des E-Commerce angepasste Zahlungsverfahren zu entwickeln.[97] Aus diesem Bestreben heraus bildet sich das Geschäftsmodell des **Electronic-Payment** (kurz E-Payment). Eine einheitliche Definition des Begriffs ist in der Literatur nicht gegeben. Der zusammengesetzte Begriff lässt sich mit „elektronische Zahlung" übersetzen.[98] Hartmann (2006) definiert E-Payment als Zahlungen, „die auf elektronischem Weg initiiert, abgewickelt und empfangen werden"[99]. Nach dem Verständnis von Meier und Stormer (2008) muss lediglich die Übermittlung elektronisch erfolgen. Der Anstoß zum Bezahlprozess kann dabei auch auf analogem Weg stattfinden.[100] Anders als im E-Commerce erfolgt der sekundäre Wertschöpfungsprozess somit zwingend elektronisch, wobei der auslösende primäre Prozess sowohl elektronisch als auch analog ablaufen kann.

Ein elektronisches Zahlungssystem ist „[...] ein informationstechnisches System, mit dessen Hilfe Zahlungsmittel zwischen Teilnehmern transferiert werden können"[101]. Es umfasst die

---

[96] Eigene Darstellung, angelehnt an Stahl et. al. (2015), S. 23.

[97] Vgl. Hartmann (2013), S. 10.

[98] Vgl. Meier/Stomer (2008), S. 152.

[99] Vgl. Hartmann (2013), S.7.

[100] Vgl. Meier/Stormer (2012), S. 152.

[101] Vgl. Hartmann (2013), S. 31f.

Menge der Technologien, Verfahren, Systeme und Organisationstrukturen, die es ermöglichen Zahlungsmittel elektronisch zu transferieren.[102] Internetbanking fällt dabei nicht unter die Definition eines Elektronischen Zahlungssystems, da es sich dabei lediglich um die reine Administration eines traditionellen Zahlungssystems über das Internet handelt.[103] Im Laufe der Jahre entstand eine Vielzahl verschiedener Systeme, die jeweils unterschiedliche Kundenbedürfnisse abdecken sollten. Doch nur wenige dieser Verfahren konnten sich auf dem Markt behaupten.[104]

3.2.1 Kategorien von Electronic-Payment Systemen

Die E-Payment-Systeme lassen sich nach bestimmten Kriterien in Kategorien unterteilen. Die Klassifizierung erfolgt nach dem Zeitpunkt der Zahlung, nach der Höhe des Betrages und nach Art des Verfahrens.[105]

Zeitpunkt der Zahlung

a. Bei **Pre-Paid-Verfahren** (oder Pay-Before-Verfahren) erfolgt die Belastung des Kunden vor dem eigentlichen Zahlvorgang. Dafür wird ein beliebiger Betrag auf ein Speichermedium, wie eine Geldkarte oder eine digitale Geldbörse, eingezahlt. Dieses Guthaben kann darauf für Einkäufe genutzt werden, bis es aufgebraucht ist und eine weitere Einzahlung notwendig ist.[106] (Bsp: Charge-Karte[107])

b. Bei der Nutzung von **Pay-Now-Verfahren** erfolgt die Belastung des Kunden zeitgleich mit dem Erwerb der Ware.[108] (Bsp: Vorkasse)

c. Bei **Pay-Later-Verfahren** liegt der Zeitpunkt der Belastung hinter dem der Zahlung. Der Kunde erhält zuerst die Ware und zahlt diese im Nachgang.[109] (Bsp: Rechnung)

Höhe des Geldbetrags

---

[102] Vgl. Dannenberg (2013), S. 27ff.

[103] Vgl. Dombret (2011), S. 14.

[104] Vgl. Dannenberg (2013), S. 18.

[105] Vgl. Dombret (2011), S. 14.

[106] Vgl. Schüngel (2013), S. 99.

[107] Vgl. Kapitel 3.3.1.

[108] Vgl. Alt/Puschmann (2016), S. 113.

[109] Vgl. Dannenberg (2013), S. 30.

Die Kategorisierung von Bezahlsystemen nach deren Transaktionsvolumina wird in der Literatur nicht einheitlich beschrieben. Die Bezeichnungen der Systeme sowie deren Grenzen variieren zwischen den Autoren. Bei allen betrachteten Autoren (Dannenberg/Ulrich (2004); Thymian/Niemeyer (2001); Fritz (2013)) erfolgt die Differenzierung in vier Kategorien, wobei sich die Betragsgrenzen voneinander unterscheiden. Die Bezeichnungen **Micropayment** und **Macropayment** werden allen drei Autoren verwendet. Häufig erfolgt die Differenzierung der Verfahren nur nach diesen zwei Kategorien. Micropaymentsysteme wickeln kleine Transaktionen mit niedrigen Volumen ab, wohingegen bei Macropaymentsystemen große Beträge übermittelt werden.[110] In der Literatur ist keine einheitliche Abgrenzung zwischen Micro- und Macroverfahren definiert. Eine häufig benannte Grenze liegt bei fünf Euro.[111]

Danneberg[112]		Thymian/Niemeyer[113]		Fritz[114]	
Payment-kategorie	Transaktions-volumen	Payment-kategorie	Transaktions-volumen	Payment-kategorie	Transaktions-volumen
Nano	<0,05€	Pico	<0,01€	Pico	<0,25€
Micro	0,05€ - 2,50€	Micro	0,01€ - 5€	Micro	0,25€ - 20€
Medium	2,50€ - 500€	Normal	5€ - 100€	Mini	20€ - 200€
Marco	>500€	Macro	>100€	Macro	>200€

Tabelle 1 - Vergleich von Paymentkategorien nach Transaktionsvolumen.

In dieser Arbeit findet die Klassifizierung von Thymian und Niemeyer Anwendung, da sich diese für die Repräsentation eines durchschnittlichen Warenkorbes am besten eignet. Der Betrag liegt bei etwa 64 € und somit genau im Bereich des Normalpayments.[115] Der Bereich des Macropayments beginnt bei einem Wert über 100€. Die Kategorie des Picopayments, für Zahlungen unter einem Cent, wird dabei aufgrund der geringen Relevanz für den E-Commerce nicht berücksichtigt. Die Kategorie des Micropayments umfasst somit den Wertebereich von null bis fünf Euro.

---

[110] Vgl. Dannenberg (2013), S. 31.

[111] Vgl. Stallmann/Wegner (2014), S. 23ff.

[112] Vgl. Dannenberg (2013), S. 31.

[113] Vgl. Thymian/Niemeyer (2001), S.14ff.

[114] Vgl. Fritz (2013), S.212.

[115] Vgl. http://www.retailmenot.de/studien/internationale-ecommerce-studie-2015 (Vgl. 25.01.2017).

Art des Verfahrens

a. Bei **nutzerkontenunabhängige Zahlungsverfahren** handelt es sich in der Regel um Geldkarten, die nach dem Pre-Paid-Verfahren vor der Zahlung mit einem Betrag geladen werden müssen. Sie erfordern keine Registrierung des Nutzers.[116]

b. **Nutzerkontenabhängige Zahlungsverfahren** hingegen erfordern eine vorherige Registrierung. Der Nutzer muss je nach Verfahren seine Adresse, Telefonnummer, Mailadresse oder Kontoverbindung angeben.[117] Sind Zahlungsinformationen hinterlegt und verifiziert, hat der Kunde oft die Wahl, ob die Zahlung im Pre-Paid, Pay-Now oder Pay-Later-Verfahren ablaufen soll.[118]

c. Voraussetzung für die Nutzung eines **Direktüberweisungsverfahrens** ist ein Onlinegirokonto.[119] Der Kunde meldet sich mit seinen gewohnten Onlinebanking-Zugangsdaten bei dem Verfahren an und legitimiert die Zahlung durch wenige Klicks. Die Überweisung wird darauf direkt vom Girokonto des Kunden nach dem Pay-Now-Prinzip abgewickelt.[120]

3.2.2 Anforderungen an Zahlungssysteme

Ein Zahlungssystem, elektronischer oder analoger Art, ist erfolgreich, wenn es von Händlern und Kunden akzeptiert wird.[121] Aus diesem Grund sollten für eine erfolgreiche Einführung neuer Zahlungssysteme stets die Bedürfnisse beider Gruppen berücksichtigt werden. Ist die Akzeptanz eines Verfahrens nicht gegeben, ist auch die technische Innovation, welche von diesem ausgeht, ohne Wirkung.[122] In der Vergangenheit gab es zahlreiche Beispiele von innovativen Zahlungssystemen, die an der Akzeptanz gescheitert sind und sich nicht durchsetzen konnten. Beispiele für gescheiterte Lösungen sind das Mobile-Payment-Verfahren der Otto GmbH Yapital[123] oder der E-Paymentdienst Click-and-Buy[124] der

---

[116] Vgl. Lammer (2006), S. 57.

[117] Vgl. Breitschaft et. al. (2012), S. 16.

[118] Vgl. Lammer (2006), S. 58.

[119] Vgl. Wilhelm/Stoll (2016), S. 35.

[120] Vgl. Breitschaft et. al. (2012), S. 17.

[121] Vgl. Starzer (2010), S. 54.

[122] Vgl. Moormann et. al. (2016), S. 86ff.

[123] Yapital ist ein Mobile-Payment-Verfahren, welches die Zahlung an der stationären Ladenkasse mittels einem Bild-Code auf dem Smartphone ermöglicht.

Deutschen Telekom. Obwohl hinter beiden Systemen namenhafte und finanzkräftige Unternehmen standen, wurden die Dienste in den Jahren 2015 und 2016 eingestellt.[125,126]

Grundlegend stellen sowohl Kunde und Händler die gleichen Anforderungen an Zahlungssysteme, wobei diese von den verschiedenen Gruppen unterschiedlich priorisiert werden können. Zwei Kriterien stehen zueinander in einem Zielkonflikt.[127] Die aufgeführten Anforderungen bilden die Grundlage für die Nutzwertanalyse in Kapitel fünf.

Abbildung 3 - Anforderungen an Zahlungssysteme.[128]

---

[124] Click-and-Buy ist ein nutzerkontenbasiertes elektronisches Zahlungsverfahren, welches 1999 gegründet wurde und in direkter Konkurrenz zu PP stand.

[125] Vgl. http://www.ottogroup.com/de/newsroom/meldungen/Otto-Group-nimmt-Yapital-aus-dem-Geschaeft-mit-dem-Endkunden.php (Aufruf: 31.01.2017).

[126] Vgl. http://www.sueddeutsche.de/news/wirtschaft/ computer-online-bezahldienst-clickandbuy-schliesst-im-mai-2016-dpa.urn-newsml-dpa-com-20090101-151203-99-76584 (Aufruf: 31.01.2017).

[127] Vgl. Dombret (2011), S. 22.

[128] Eigene Darstellung, angelehnt an Dombret (2011), S.23.

18

3.2.2.1 Gemeinsame Anforderungen

a. Technische Sicherheit

In der Literatur ist die technische Sicherheit als wichtigste Anforderung eines Zahlungsverfahrens definiert. Sie umfasst Schutz gegen das Lesen, Verändern und den Missbrauch von Informationen.[129] Nach einer Studie gaben 35 % der befragten Onlinekäufer an, dass sie eine unzureichende Sicherheit des Zahlungsverkehrs fürchten, wobei lediglich drei Prozent der Befragten negative Erfahrungen im Zusammenhang mit der Zahlung gemacht haben. Probleme, die auf technische Mängel zurückzuführen sind, treten nur vereinzelt auf.[130,131] Grundlegend kann davon ausgegangen werden, dass die Anbieter etablierter Zahlungssysteme größtes Augenmerk auf die technische Sicherheit legen und ihr System und dessen Infrastruktur nach dem neusten Stand der Technik absichern. Öffentliche Meldungen über die mangelnde Sicherheit eines Systems dürfte sich stark auf den Erfolg eines Verfahrens auswirken.[132] Aus diesem Grund lässt sich die Sicherheit eines Verfahrens durch die zusätzlich implementierten Absicherungsmechanismen sowie die Fehleranfälligkeit eines Verfahrens definieren.[133]

b. Schnelligkeit

Sowohl Händler als auch Käufer profitieren von einer zeitnahen Abwicklung der Zahlung.[134] Eine schnelle Zahlungsabwicklung ist häufig die Voraussetzung für eine zügige Lieferung.[135] Für Käufer hat die schnelle Lieferung einer Ware hohe Priorität.[136] Die Händler sehen den Vorteil einer schnellen Abwicklung in dem zeitnahen Erhalt des Geldes.[137]

c. Niedrige Kosten

---

[129] Vgl. Sauer (2009), S. 422.

[130] Vgl. Fittkau & Maaß Consulting (2015).

[131] Vgl. Vgl. D21 Digital-Index (2016), S. 24.

[132] Vgl. Dombret (2011), S. 23.

[133] Vgl. Höft (2009), S. 48.

[134] Vgl. Dombret (2011), S. 25.

[135] Vgl. Dannenberg (2013), S. 55.

[136] Vgl. D21 Digital-Index (2016), S. 13ff.

[137] Vgl. Höft (2009), S. 52.

Aus Kundensicht setzen sich die Kosten aus einer Grundgebühr für die Nutzung des Zahlungsmittels und möglichen Gebühren pro Transaktion zusammen.[138] Die Gesamtkosten für Händler ergeben sich aus verschiedensten Bestandteilen. Ein neues Zahlungsverfahren muss zunächst in das bestehende System integriert werden. Hierfür können neben Personalkosten, zusätzliche Anschaffungskosten für Software oder Hardware entstehen. Für den Betrieb und die Wartung sind in der Folge weitere Kosten zu entrichten.[139] Hinzu kommt eine optionale Grundgebühr für die Nutzung des Verfahrens sowie erhobene Kosten pro Transaktion für den Händler.[140] Kommt es zum Zahlungsausfall können weitere Kosten durch Mahn- oder Inkassoverfahren entstehen.[141]

d. Hohe Verbreitung

Eine Währung hat keinen Wert, wenn sie nirgendwo akzeptiert wird.[142] Endkunden sehen nur einen geringen Mehrwert in einem Zahlungssystem, welches nur von wenigen Onlineshops angeboten wird. Auf der anderen Seite haben Händler auch keinen Anreiz das System einzuführen, wenn nur wenige potentielle Kunden damit bezahlen möchten.[143] Besonders die Verbreitung in den größten Onlineshops ist, aufgrund dem hohen Umsatzanteil dieser, von enormer Bedeutung.[144]

e. Einfache Anwendung

Die unkomplizierte Anwendung eines Zahlungssystems ist einer der wesentlichen Erfolgsfaktoren.[145] Die Bereitschaft der Nutzer sich mit den Eigenschaften eines neuen Systems und dessen Prozessen auseinanderzusetzen, wird häufig überschätzt.[146] Dabei sind sämtliche Schritte, die für die Tätigung eines Bezahlvorgangs notwendig sind, zu betrachten und auf ihre Einfachheit und Geschwindigkeit zu prüfen. Aus Kundensicht handelt es sich

---

[138] Vgl. Lammer (2006), S. 258.

[139] Vgl. Henkel et. al. (2013), S. 108.

[140] Vgl. Dannenberg (2013), S. 55.

[141] Vgl. Höft (2009), S. 53.

[142] Vgl. Henkel et. al. (2013), S. 108.

[143] Diese Problematik wird auch als Netzwerkeffekt oder Henne-Ei Problem bezeichnet. (Vgl. Höft (2009), S. 52.).

[144] Vgl. Henkel et. al. (2013), S. 110.

[145] Vgl. Stahl et. al. (2015), S. 43.

[146] Vgl. Dombret (2011), S. 24.

dabei um den Registrierungs- und Transaktionsprozess eines Verfahrens.[147] Händler fordern zudem eine simple Anbindung ihres Shops an das Zahlungssystem.[148]

f. Universelle Nutzbarkeit

Zu Beginn des E-Payments herrschte die Annahme, dass sich der Kunde ein elektronisches Zahlungssystem wünscht, welches dem Bezahlen in einem realen Geschäft möglichst ähnlich ist. Um dieser Anforderung gerecht zu werden, schufen zahlreiche Zahlungsdienstleister spezielle Systeme für einzelne Anwendungsbereich. Spezialisierte Micropaymentsysteme hatten beispielsweise zum Ziel, das Kleingeld zu ersetzen.[149] Doch mit fortschreitender Souveränität der Internetnutzer sinken die Vorbehalte gegenüber elektronischen Verfahren, sodass die Analogie zum Bezahlen im stationären Handel für den Nutzer an Bedeutung verliert.[150] Anstatt viele verschiedene Verfahren für spezielle Anwendungsbereiche zu nutzen, wünscht sich der Kunde ein einheitliches Verfahren, welches jede Art von Zahlung unterstützt. Die Höhe des Betrages oder geografische Niederlassung des Kunden ist dabei nicht von Relevanz.[151]

---

[147] Vgl. Höft (2009), S. 52.

[148] Vgl. Breitschaft et. al. (2013), S. 5.

[149] Vgl. Höft (2009), S. 52ff.

[150] Vgl. D21 Digital-Index (2016), S. 35.

[151] Vgl. Dombret (2011), S.26.

g. Nachvollziehbarkeit

Getätigte Transfers müssen für die Nutzer nachvollziehbar sein. Beide Parteien können ihre Transaktionen nachweisen und ihre Ein-und Ausgaben überwachen. Besonders im Schadens- oder Streitfall ist dieser Punkt von hoher Bedeutung.[152]

3.2.2.2 Anforderungen im Zielkonflikt

h. Möglichkeit zum Widerruf versus Zahlungsgarantie

Knapp die Hälfte der Onlinekäufer sah sich beim Einkauf im Internet bereits mit Problemen konfrontiert. Manche Waren wurden verspätet oder gar nicht geliefert. Andere wiesen nicht die versprochene Beschaffenheit auf.[153] In einem solchen Fall ist es für den Kunden von Vorteil, wenn er die Zahlung widerrufen kann bzw. die Ware erst nach Erhalt bezahlen muss.[154] Der Sicherheitszuwachs auf Kundenseite bildet für die Händler hingegen ein Risiko. Diese sind gezwungen auf die Zahlungsmoral ihrer Kunden zu vertrauen. Sollte ein Kunde trotz korrekter Warenlieferung nicht zahlen oder die Zahlung später widerrufen, können zudem Mahn- oder Inkassogebühren anfallen.[155] Lange Wartezeiten auf den Zahlungseingang und Zahlungsausfälle bereiten besonders kleinen und finanzschwachen Händler schwerwiegende Probleme.[156]

i. Datenschutz versus Kundeninformationen

Der Datenschutz im Internet hat bei Kunden in den letzten Jahren zunehmend an Bedeutung gewonnen.[157] Die Angst vor Datenmissbrauch und einer zunehmender Werbeflut, führen zu einem erhöhten Bewusstsein des Datenschutzes im Internet. Besonders finanzbezogene Informationen sind dabei als äußerst sensibel anzusehen.[158] Händler hingegen ziehen einen

---

[152] Vgl. Höft (2009), S. 54.

[153] Vgl. D21 Digital-Index (2016), S. 16.

[154] Vgl. Höft (2009), S. 51.

[155] Vgl. Dombret (2011), S. 26.

[156] Vgl. Breitschaft et. al. (2013), S. 12.

[157] Vgl. eBusiness-Lotse (2013), S. 14.

[158] Vgl. Höft (2009), S. 54.

großen Nutzen aus umfangreichen Kundendaten. Diese helfen bei der Erstellung eines Kundenprofils, welches zielgeleitete Werbemaßnahmen ermöglicht.[159]

3.3 Populäre Zahlungssysteme im Electronic-Commerce

Laut Befragungen sind die angebotenen Zahlungsmethoden ein wichtiges Kriterium für die Wahl des Onlineshops und somit bedeutende Erfolgsfaktoren im Onlinehandel.[160] Die Masse der verschiedenen Zahlungsverfahren, speziell der E-Payment-Lösungen, ist unzählig.[161] Im folgenden Abschnitt werden die wichtigsten Zahlungsverfahren gemessen, an deren Umsatzanteil im Onlinehandel, kurz vorgestellt und deren Zahlungsprozess erläutert.

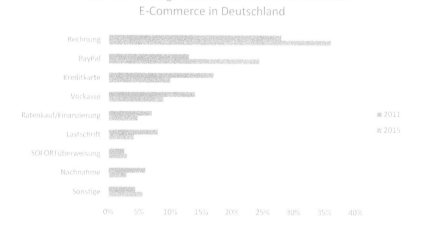

Abbildung 4 - Zahlungsverfahren im E-Commerce (Hochrechnung ohne Amazon).[162]

Als Grundlage dient eine Hochrechnung der Umsatzanteile bei einem Wegfall des Marktführers Amazon. Dieser bietet lediglich den Kauf auf Rechnung, Lastschrift oder Kreditkarte an. Eine Zahlung mit E-Payment-Verfahren ist nicht möglich und scheint auch in naher Zukunft unwahrscheinlich, da diese den Kaufvorgang laut Amazon-Payment-Manager

---

[159] Vgl. Dombret (2011), S. 27.

[160] Vgl. eBusiness-Lotse (2013), S. 10ff.; D21 Digital-Index (2016), S. 46.

[161] Sämtliche Verfahren zu behandeln würde den Rahmen dieser Arbeit überschreiten, weshalb sich auf die populärsten Verfahren beschränkt wird.

[162] Eigene Darstellung, angelehnt an Stahl (2015), S. 25.

Patrick Gauthier „komplizierter machen, als notwendig ist."[163] Aus diesem Grund wird Amazon in den Betrachtungen dieser Arbeit nicht berücksichtigt. Während die Rechnung und PayPal ein deutliches Umsatzwachstum in den letzten Jahren erkennen lassen, sank der Umsatzanteil der Kreditkarte, der Vorkasse, der Lastschrift, des Ratenkaufs und der Nachnahme erheblich.

3.3.1 Klassische Zahlungssysteme

Bei klassischen Zahlungsverfahren erfolgt die Transaktionsabwicklung i.d.R. über eine Bank. Sie sind bereits seit Jahrzehnten im Onlinehandel erprobt und haben auch heute noch einen hohen Anteil am gesamten Umsatzvolumen zu verzeichnen.[164]

Rechnung

Aus Kundensicht ist der Kauf auf Rechnung das sicherste und beliebteste Zahlungsverfahren.[165] Der Kunde erhält zusammen mit der Ware eine Rechnung, welche innerhalb einer gesetzten Frist zu begleichen ist. Dabei besteht für diesen die Möglichkeit zunächst die Lieferung abzuwarten und die Ware zu prüfen, bevor er die Zahlung ausführt. Aus Händlersicht ist der Kauf eher unvorteilhaft, da sie die Ware versenden ohne eine Zahlungsgarantie zu erhalten. Kommt es zum Zahlungsausfall, hat der Händler ggf. entstandene Mahn- oder Inkassogebühren zu tragen. Hinzu kommen Kosten für den Abgleich des Zahlungseingangs mit offenen Posten sowie die Bearbeitung von Unstimmigkeiten oder Unklarheiten.[166] Laut einer Studie sind 95 % aller Händler beim Kauf auf Rechnung von Zahlungsstörungen betroffen.[167]

Lastschrift

Beim Lastschriftverfahren wird der Zahlungsempfänger aktiv und zieht das Geld vom Zahlungspflichtigen ein.[168] Dafür muss der Zahlungspflichtige dem Zahlungsempfänger ein Lastschriftmandat erteilen. Der Empfänger ist dazu verpflichtet, den Zahlungspflichtigen über

---

[163] Vgl. http://www.zdnet.de/88258229/amazon-unsere-kunden-wollen-nicht-mit-paypal-zahlen/ (Aufruf: 25.01.2017)

[164] Vgl. Dannenberg (2013), S. 36.

[165] Vgl. Stahl (2015), S. 113.

[166] Vgl. Breitschaft et. al. (2012), S. 4.

[167] Vgl. Breitschaft et. al. (2013), S. 57.

[168] Vgl. https://www.bundesbank.de/Redaktion/DE/Standardartikel/Aufgaben/Unbarer_Zahlungsverkehr/ die_sepa_lastschrift.html (Aufruf: 28.12.16).

den Termin und die Höhe des Geldeinzugs in Kenntnis zu setzen. Die mandatsbezogenen Daten reicht der Zahlungsempfänger bei seiner Bank ein, welche anschließend sämtliche Informationen an die Bank des Zahlungspflichtigen weiterleitet. Das Konto des Zahlungspflichtigen wird belastet und der Betrag dem Zahlungsempfänger gutgeschrieben.[169] Der Zahlungspflichtige hat die Möglichkeit ein Mandat schriftlich oder elektronisch zu widerrufen. Autorisierte Zahlungen können bis zu acht Wochen nach dem Zeitpunkt der Abbuchung zurückgerufen werden. Ungültige Lastschriften können innerhalb einer Frist von 13 Monaten widerrufen werden. Das herkömmliche nationale Lastschriftverfahren wurde im Februar 2014 von der SEPA-Lastschrift abgelöst.[170] Die Umstellung ermöglicht grenzüberschreitende Lastschriften.[171]

Kreditkarte

Die Kreditkarte ist im Onlinehandel weit verbreitet und findet international Anerkennung.[172] Der Zahlungsvorgang erfolgt elektronisch. Der Kunde gibt dabei seine Kreditkartendaten (Kartennummer, Prüfziffer und Gültigkeitsdatum) in ein Webformular ein und übermittelt diese an den Händler. Der Händler leitet die Daten daraufhin an eine Autorisierungszentrale weiter, wo die Karte auf Verfügungsrahmen und mögliche Sperren geprüft wird. Bei erfolgreicher Prüfung wird der Umsatz verarbeitet und der Händler erhält eine Bestätigung der Zahlung sowie eine Zahlungsgarantie durch die Kreditkartengesellschaft.[173] Grundlegend kann zwischen vier Kreditkartentypen nach dem Zeitpunkt der Zahlung unterscheiden werden. Die Debitkarte, auch EC-Karte genannt, zählt in vielen Ländern zur Kreditkarte. Der Betrag wird direkt während des Bezahlvorgangs vom Girokonto des Nutzers abgezogen. Die Debitkarte zählt somit zu den Pay-Now-Verfahren.[174] Unter der klassischen Kreditkarte versteht man im Allgemeinen die sogenannte Charge-Karte. Sie nutzt ein Pay-Later-Verfahren. Der Kunde erhält monatlich eine Aufstellung aller Umsätze, die in dem Zeitraum gebucht wurden. Ihm wird ein Kredit vom Kauf der Ware, bis zur Fälligkeit der Rechnung gewährt. Die letzte Karte der Reihe ist die Prepaid Karte. Alle Zahlungen erfolgen hierbei auf

---

[169] Vgl. Ohlshausen (2015), S. 79.

[170] Vgl. https://www.bundesbank.de/Redaktion/DE/Standardartikel/Aufgaben/Unbarer_Zahlungsverkehr/die_sepa_lastschrift.html (Aufruf: 28.12.2016).

[171] Vgl. Ohlshausen (2015), S. 4.

[172] Vgl. Breitschaft et. al. (2013), S. 15.

[173] Vgl. Stahl/Wittmann (2012), S. 4.

[174] Vgl. Nitsch (2010), S. 104.

Guthabenbasis. Dafür muss die Karte vor einer Zahlung mit einem entsprechenden Betrag geladen werden. Oftmals erheben die Kreditkartenunternehmen Gebühren für die Nutzung dieser Karte.[175] Das Spektrum der Kreditkarten wird komplettiert von virtuellen Kreditkarten. Dabei handelt es sich um keine reale Plastikkarte, sondern um eine reine Abfolge von Zahlen. Mit der virtuellen Karte kann somit nicht stationär im Geschäft, sondern nur online oder per Telefon eingekauft werden.[176]

Vorkasse

Bei der Zahlung per Vorkasse überweist der Kunde den fälligen Betrag auf das Händlerkonto, noch bevor dieser die Ware verschickt. Zur späteren Zuordnung der Zahlung durch den Händler, wird im Verwendungszeck häufig die Kunden- oder Bestellnummer angegeben. Diese ist zusammen mit den Kontoinformationen und dem fälligen Betrag vom Kunden eigenhändig in das Überweisungsformular einzutragen. Diese Vorgehensweise lässt das Verfahren umständlich und fehleranfällig werden.[177] Aus Kundensicht ist die Vorkasse die unbeliebteste Zahlungsmethode.[178] Der Kunde hat keine Möglichkeit die Zahlung zu widerrufen. Für ihn besteht das Risiko, dass die Ware gar nicht, unpünktlich oder fehlerhaft geliefert wird.[179] Bei Händlern hingegen erfreut sich das Verfahren hoher Beliebtheit, da diese die Ware erst verschicken müssen, sobald sie die Zahlung erhalten haben. Das Risiko des Zahlungsausfalls besteht nicht.[180] Im Gegenzug fallen bei der Vorkasse, wie auch bei der Rechnung, Kosten für den Abgleich der Zahlungseingänge mit offenen Posten sowie die Bearbeitung von Unstimmigkeiten in der Zahlungsabwicklung an.[181]

---

[175] Vgl. Henkel et. al. (2013), S. 334.

[176] Vgl. Bühl (2013), S. 184.

[177] Vgl. Henkel et. al. (2013), S. 271.

[178] Vgl. Breitschaft et. al. (2013), S. 10.

[179] Vgl. Henkel et. al. (2013), S. 271.

[180] Vgl. D21 Digital-Index (2016), S. 56.

[181] Vgl. Breitschaft et. al. (2012), S. 5.

Nachnahme

Die Zahlung per Nachnahme verspricht Händler und Kunden einen Risikoschutz. Der Kunde hat den fälligen Betrag bei Warenlieferung durch einen Logistikpartner direkt bei diesem zu bezahlen. Dem Händler ist somit eine Zahlungsgarantie gegeben und dem Kunden wird die Zustellung der Ware garantiert. Ob diese auch die versprochene Beschaffenheit aufweist, kann er dabei nicht prüfen.[182] Die Abwicklung gestaltet sich jedoch umständlich, zumal der Kunde zum Lieferzeitpunkt zuhause sein und das Paket entgegennehmen muss. Zudem ist das Verfahren häufig mit zusätzlichen Kosten verbunden, da die Logistikpartner für die Abwicklung der Dienstleistung Kosten erheben.[183] Der Logistikdienstleister DHL beispielsweise berechnet für den Service 6,90€.[184] Gerade bei Sendungen mit geringem Warenwert können die Nachnahmekosten verhältnismäßig hoch ausfallen.

3.3.2 Electronic-Payment-Zahlungssysteme

Das elektronische Äquivalent der klassischen Zahlungsverfahren bilden die E-Payment-Verfahren, welche speziell auf die Anforderungen des E-Commerce angepasst sind.[185]

Paypal

PayPal Inc. (kurz PP) wurde 1998 gegründet und ist das erfolgreichste globale elektronisches Bezahlsystem.[186] Um mit dem nutzerkontenbasierten Dienst zu zahlen, muss sich der Kunde zunächst registrieren und ein Zahlungsmittel hinterlegen. Hierbei kann es sich um ein Girokonto oder eine Kreditkarte handeln.

Wählt der Nutzer die Zahlung mit PP (1) wird er zur Seite des Dienstes weitergleitet (2). Dort muss er sich mit seiner E-Mail und seinem Passwort anmelden und kann die Zahlung mit einem Mausklick bestätigen (3-4). Der Händler erhält eine Zahlungsbestätigung und der Kunde wird zum Webshop zurückgeleitet (5).[187] Dem Kunden steht es offen, auf welche Art die Verrechnung erfolgen soll. So kann er das hinterlegte Zahlungsmittel bei der Zahlung mit PP direkt belasten oder im Voraus einen Betrag auf sein PP Konto buchen um das Konto als

---

[182] Vgl. HGB §§407-409.

[183] Vgl. Breitschaft et. al. (2012), S.5.

[184] Vgl. https://www.dhl.de/de/privatkunden/information/service-nachnahme.html (Aufruf 20.01.2017).

[185] Vgl. Dannenberg (2013), S. 36.

[186] Vgl. https://www.paypal.com/de/webapps/mpp/about (Aufruf: 28.01.2017).

[187] Vgl. https://demo.paypal.com/de/demo/home (Aufruf: 28.01.2017).

E-Wallet[188] zu verwenden (6).[189] Die Gutschrift des Betrages auf das Konto des Händlers erfolgt automatisiert (7). Die gesamte Kommunikation und sämtliche Transaktionen während des Bezahlvorgangs erfolgen zentralisiert über PP.[190]

Abbildung 5 - Zahlungsabwicklung mit PayPal.[191]

---

[188] Ein E-Wallet entspricht einer elektronischen Geldbörse auf welche ein Kunde Geldbeträge einzahlen kann um damit später nach dem Pre-Paid-Verfahren zu bezahlen. (Vgl. Lammer (2006), S. 45.).

[189] Vgl. https://www.paypal.com/de/webapps/mpp/pay-online (Aufruf: 28.01.2017).

[190] Vgl. Stahl et. al. (2015), S. 65.

[191] Eigene Darstellung, Logo copyright © PayPal Inc.

Giropay

Das Direktüberweisungsverfahren wurde im Jahr 2005 von der deutschen Kreditwirtschaft gegründet. Für die Nutzung ist keine Registrierung notwendig. Voraussetzung ist ein Online-Girokonto bei einer der über 1500 teilnehmenden Banken und Sparkassen.[192] Wählt der Kunde die Zahlung mit giropay (GP) gelangt er über die Angabe seiner Bankleitzahl zur Onlinebanking-Seite seiner Bank (1-2). Dort ist eine Authentifizierung mithilfe der Kundennummer und einer persönlichen Identifikationsnummer[193] (kurz PIN) notwendig (3). Bei erfolgreicher Anmeldung erscheint dem Kunden ein vorausgefülltes Überweisungsformular, welches er lediglich bestätigen muss. Mit der Eingabe eines Bestätigungscodes, der Transaktionsnummer[194] (kurz TAN genannt), gibt der Kunde die Zahlung frei (4). Beträge bis 30 Euro können ohne Angabe einer TAN beglichen werden. Der Händler erhält nach erfolgreicher Zahlung direkt eine Zahlungsgarantie der Bank (5). Der Kunde wird zum Webshop zurückgeleitet und die Bank des Kunden schreibt den Betrag der Bank des Händlers gut (6).[195]

---

[192] Vgl. https://www.giropay.de/ueber-uns/ (Aufruf: 14.01.2017).

[193] Engl. personal identification number (Geheimzahl, Code) ist eine ausschließlich dem Berechtigtem bekannte Zahlenfolge, die vor Kontomissbrauch schützen soll. (Vgl. Dewner et. al. (2012), S. 1027.).

[194] Die Transaktionsnummer (TAN) ist eine sechsstellige Sicherheitsnummer, die der einmaligen Legitimierung von Aktivitäten im Onlinebanking dient. Der Kunde erhält von seinem Institut eine Liste gültiger TAN´s auf analogem Weg, die er aufbrauchen kann. Das Verfahren dient dem zusätzlichen Schutz vor Missbrauch. (Vgl. Canaris (2009) S. 389).

[195] Vgl. https://www.giropay.de/kaeufer/online-ueberweisen/ (Aufruf: 03.01.2017).

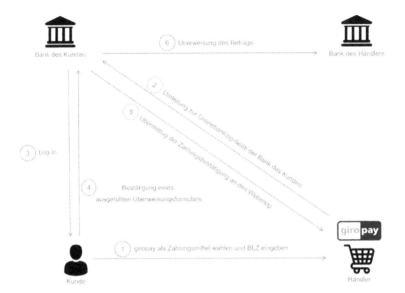

Abbildung 6 - Zahlungsabwicklung mit giropay.[196]

SOFORTüberweisung

SOFORTüberweisung (kurz SÜ) ist ein bankenunabhängiges Direktüberweisungsverfahren der SOFORT GmbH. Der Dienst besteht seit 2005 und ist in 13 Ländern verfügbar. Voraussetzung für die Nutzung des Dienstes ist ein Online-Girokonto.[197] Anders als bei GP verläuft die Kommunikation des Kunden mit seiner Hausbank nicht direkt über die eigene Banking-Website, sondern ausschließlich über den Dienstleister SÜ.[198] Wählt der Kunde SÜ als Zahlungsmittel (1), gelangt er zu einem Zahlungsformular des Dienstes (2). In diesem wählt er das Kreditinstitut aus, bei welchem er sein Online-Konto unterhält und meldet sich mit seinen Onlinebanking-Daten an (3). Nach erfolgreicher Anmeldung (4) bestätigt er die Zahlung durch Eingabe einer TAN. (5-7) Anschließend erhält der Händler eine Zahlungsbestätigung und der Kunde wird zum Webshop zurückgeleitet (8). Der Betrag wird dem Händlerkonto gutgeschrieben und der Zahlungsvorgang ist abgeschlossen (9).[199]

---

[196] Eigene Darstellung, Logo copyright © giropay.

[197] Vgl. https://www.sofort.com/ger-DE/ueber-uns/ueber-marktfuehrer-sofort-gmbh/ (Aufruf: 20.01.2017).

[198] Vgl. Breitschaft et. al. (2013), S. 67.

[199] Vgl. https://www.sofort.com/ger-DE/kaeufer/su/so-funktioniert-sofort-ueberweisung/ (Aufruf: 20.01.2017).

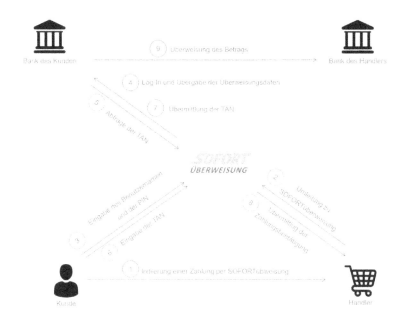

Abbildung 7 - Zahlungsabwicklung mit SOFORTüberweisung.[200]

3.3.3 Überblick

Die untenstehende Tabelle gibt eine Zusammenfassung der beschriebenen Zahlungsverfahren. Die Rechnung, PP sowie die SÜ konnten in den vergangenen Jahren ihre Umsatzanteile im Onlinehandel steigern. Das Lastschriftverfahren, die Kreditkarte, die Vorkasse, die Nachnahme und der Ratenkauf hingegen verloren im selben Zeitraum an Bedeutung für den Onlinehandel.[201] Es bleibt somit festzuhalten, dass immer mehr Onlinekäufer die Zahlung über elektronische Verfahren abwickeln, während die klassischen Verfahren, mit Ausnahme der Rechnung, Umsatzeinbußen hinnehmen mussten.

Klassische Zahlungsverfahren	Elektronische Zahlungsverfahren
• Rechnung	Nutzerkontenbasierte Zahlungsverfahren:
• Vorkasse	• PayPal
• Kreditkarte	• paydirekt
• Nachnahme	Direktüberweisungsverfahren:
	• SOFORTüberweisung
	• giropay

---

[200] Eigene Darstellung, Logo copyright © SOFORT GmbH.

[201] Vgl. Abbildung 5. Der Umsatzanteil von GP am Onlinehandel ist zu gering, weshalb keine konkreten Umsatzzahlen des Dienstes vorliegen.

Tabelle 2 - Übersicht der vorgestellten Zahlungsverfahren.

3.4 Aktuelle Trends im Zahlungsverkehr

Das nachfolgende Kapitel beschreibt neue Technologien und Trends im Zahlungsverkehr.

Peer-To-Peer-Zahlungen

Der Begriff Peer-to-Peer (nachfolgend P2P genannt) kann mit „von-Gleichem-zu-Gleichem" übersetzt werden.[202] Grundlegend versteht man darunter eine Softwarearchitektur, bei welcher die Rechner (Peers) über das Internet direkt miteinander verbunden sind.[203] In einem serverbasiertem Netzwerk herrscht eine klare Aufgabenverteilung. Ein oder mehrere Server verwalten Informationen und stellen diese den einzelnen Rechnern (Clients) bereit. Bei P2P-Netzwerken sind alle Rechner ebenbürtig und stellen den anderen Peers ihre Daten zur Verfügung. Sie übernehmen somit sowohl Server als auch Client-Funktionen.[204] Das P2P-Netzwerk ermöglicht dadurch einen direkten Datentransfer zwischen Rechnern, ohne, dass ein zentraler Server notwendig ist.[205] Ähnlich wie der Datentransfer in einem P2P-Netzwerk läuft auch die P2P-Zahlung zwischen den Beteiligten direkt ab, ohne einer Bank als Zwischeninstanz. Die Identifikation des Empfängers erfolgt dabei anders als bei einer Giro-Überweisung, nicht per IBAN, sondern über eine Mailadresse oder die Telefonnummer. Aufgrund der Tatsache, dass die transferierten Beträge bei P2P-Zahlungen hauptsächliche im Micro- oder Normalpayment anzusiedeln sind, gilt eine deutlich geringere Risikoklassifizierung als bei einer Giro-Überweisung. Viele der Sicherheitsmechanismen, wie TAN-Eingabe oder die Überprüfung der korrekten IBAN, fallen durch die besonderen Anforderungen weg. Um den Vorgang anzustoßen reicht ein Endgerät (Smartphone, Tablet, Computer etc.) aus. Neben diesen wird keine weitere Hardware benötigt.[206]

---

[202] Vgl. Faßbender (2012), S. 6.

[203] Vgl. Gehrke (2013), S. 15ff.

[204] Vgl. Lix (2010), S. 5.

[205] Vgl. Gehrke (2013), S. 20.

[206] Vgl. Alt/Puschmann (2016), S. 194.

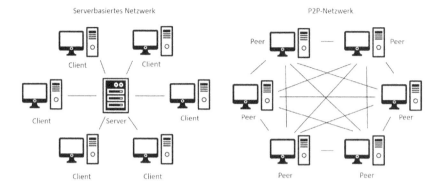

Serverbasiertes Netzwerk   P2P-Netzwerk

Abbildung 8 – Modelle verschiedener Netzwerktypen.[207]

Instant Payments

Instant Payments (dt: sofortige Zahlungen) bezeichnen Überweisungen, die in wenigen Sekunden ablaufen. Die Buchung ist sowohl für Sender als auch für Empfänger direkt einzusehen. Der Empfänger kann dabei sofort über das Geld verfügen. Gerade in Zeiten der digitalen Kommunikation in Echtzeit, stellt sich vielen Kunden die Frage, warum Überweisungen nicht ebenfalls in wenigen Sekunden ablaufen können.[208] Um dies zu beantworten, muss zunächst der Vorgang bei einer Buchung näher aufgezeigt werden. Der Kunde tätigt die Überweisung bei seiner Bank. Die Bank leitet diese daraufhin an die Bundesbank weiter, die das Clearing übernimmt. Beim Clearing werden alle Buchungen der deutschen Banken zunächst gesammelt. Zu einem festgelegten Zeitpunkt erfolgt ein Buchungsschnitt, an dem die Bundesbank sämtliche eingereichten Buchungen der Banken untereinander verrechnet. Diese Buchungssätze werden wiederum zurück an die Bank geleitet, welche das Geld den Empfängern auf dem Konto gutschreiben.[209]

Bei der Instant-Payment-Methode erfolgt das Clearing in Echtzeit und wird nicht zu einem bestimmten Buchungsschnitt ausgeführt. Die Herausforderung dabei besteht aus der Entwicklung und Umsetzung einer neuen Clearing Plattform. Diese muss zum einen in der Lage sein, ein sehr hohes Volumen an Buchungen in Echtzeit performant zu verrechnen, gleichzeitig jedoch sicher und hochverfügbar sein. Ziel ist es, die Clearing-Plattform als

---

[207] Eigene Darstellung, angelehnt an Faßbender (2012), S. 10.

[208] Vgl. http://www.europeanpaymentscouncil.eu/index.cfm/sepa-instant-payments/what-are-instant-payments/ (Aufruf: 15.01.2017).

[209] Vgl. Esemann et. al. (2013), S. 565.

internationalen Standard zu etablieren und somit den europäischen Zahlungsmarkt einheitlich auf Instant Payments zu migrieren. Auch die Banken stehen vor einer Herausforderung. Sie müssen ihre IT-Infrastruktur und die Prozesse in ihren Krenbanksystemen aufrüsten und für eine Überweisung in Echtzeit anpassen. Auch wenn die Einführung von Instant Payments zunächst mit hohen Investitionen verbunden ist, bringt das Verfahren deutliche Vorteile mit sich.[210] Gerade im Bereich des Onlinehandels und bei den Zahlungen zwischen Unternehmen (B2B) sehen viele Experten großes Potential der neuen Technologie.[211] Aktuell wird der Bedarf an Überweisungen in Echtzeit von Drittanbietern wie PP gedeckt. Diese simulieren die Buchungen über Zwischenkonten und sprechen den Beteiligten Zahlungs- bzw. Liefergarantien aus. Instant Payments ermöglichen eine solche Transaktion ohne die zusätzliche Nutzung eines Zwischenkontos.[212]

Mobile Payment

Mobile Payment (kurz M-Payment) bezeichnet Zahlungsvorgänge, die mittels mobiler Endgeräte, wie Smartphone oder Tablet, vom Zahlungspflichtigen autorisiert werden.[213] Die Definition umfasst sowohl die Zahlung im E-Commerce als auch die Zahlung im stationären Geschäft, dem sogenannten mobile Point of Sale (kurz mPos).[214] Aktuell ist der Markt der M-Payment-Anbieter in Deutschland noch sehr stark fragmentiert. Bisher konnte sich kein einheitlicher Standard durchsetzen.[215] In einer Studie gaben Kunden an, dass sie eine einheitliche Lösung mit vielen Akzeptanzstellen wünschen. Darüber hinaus fehlt den Kunden das Vertrauen in die mobile Bezahlung, da sie um die Sicherheit des Verfahrens besorgt sind.[216] Sollten die Unternehmen es schaffen den Kunden die Sicherheitsbedenken zu nehmen

---

[210] Vgl. https://www.it-finanzmagazin.de/geldtransfer-in-sekunden-die-payment-revolution-kommt-mit-sepa-instant-payment-14394/ (Aufruf: 15.01.2017).

[211] Vgl. http://www.Vgk.de/files/Studie_Instant-Payments_eine-neue-Revolution-im-Zahlungsverkehr.pdf (Aufruf: 25.01.2017).

[212] Vgl. https://www.it-finanzmagazin.de/geldtransfer-in-sekunden-die-payment-revolution-kommt-mit-sepa-instant-payment-14394/ (Aufruf: 15.01.2017).

[213] Vgl. Pousttchi (2004), S. 260.

[214] Vgl. Lerner (2012), S. 6ff.

[215] Vgl. Klotz (2014), S. 3.

[216] Vgl. http://smartmobilefactory.com/wp-content/uploads/Smart-Mobile-Factory-GmbH-Mobile-Payment-Studie-Ergebnisse2.pdf (Aufruf: 29.01.2017)

und eine universell einsetzbare Lösung zu etablieren, bietet die Technologie des mPos ein enormes Marktpotential.[217]

4 Vorstellung des elektronischen Zahlungssystems paydirekt

Durch den sinkenden Umsatzanteil der klassischen Zahlungsverfahren am expandierenden Onlinehandel verlieren die Banken hohes Transaktionsvolumen an die Anbieter von elektronischen Zahlungsverfahren. Besonders PP konnte in den letzten Jahren bedeutende Umsatzanteile im Onlinehandel für sich gewinnen.[218] Als Reaktion auf diese Entwicklung schlossen sich die deutschen Banken und Sparkassen[219] im Jahr 2014 zusammen, um mit paydirekt (kurz PD) ein einheitliches elektronisches Zahlungssystem für den Onlinehandel auf den Markt zu bringen.[220] Dabei handelt es sich, wie bei PP, um ein nutzerkontenbasiertes Zahlungsverfahren. Voraussetzung für die Verwendung ist ein Onlinegirokonto bei einer der teilnehmenden Banken oder Sparkassen. Die Anlage eines Nutzerkontos erfolgt im Onlinebanking-Bereich der Hausbank.[221] Vertrieben wird der Dienst von der paydirekt GmbH mit Hauptsitz in Frankfurt. Das Unternehmen ist für die Weiterentwicklung und Bereitstellung des Services und dessen Schnittstellen, zur Anbindung weiterer Shops, verantwortlich.[222] Seit Mitte des Jahres 2016 arbeitet das Unternehmen an der Kundengewinnung und der Erweiterung des Händlerportfolios.[223] Aktuell sind ca. 550 Onlineshops an PD angebunden und über 900.000 Bankkunden haben sich für den Deinst registriert.[224,225] Vor dem Hintergrund, dass 38 Millionen deutsche ihr Konto online

---

[217] Vgl. http://www.pwc.de/de/digitale-transformation/mobile-payment-branche-steht-vor-marktbereinigung.html (Aufruf: 14.01.2017).

[218] Vgl. Stahl (2015), S. 27.

[219] Insgesamt sind 98 % der deutschen Banken an das Verfahren angebunden, wodurch es über nahezu vollständige Markabdeckung verfügt. (Vgl. https://www.paydirekt.de/presse/medien/170106_Fast-Facts.pdf (Aufruf: 25.01.2017).).

[220] Vgl. https://www.paydirekt.de/ueberuns/index.html (Aufruf: 30.01.2017).

[221] Vgl. https://www.it-finanzmagazin.de/paydirekt-unser-potential-sind-50-millionen-deutsche-online-banking-konten-21630/ (Aufruf: 25.01.2017)

[222] Vgl. https://www.paydirekt.de/ueberuns/index.html (Aufruf: 25.01.2017).

[223] Vgl. https://www.paydirekt.de/presse/medien/170106_Fast-Facts.pdf (Aufruf: 25.01.2017).

[224] Vgl. https://www.paydirekt.de/kaeufer/index.html (Aufruf: 26.01.2017).

[225] Zum Zeitpunkt dieser Arbeit befindet sich der Dienst seit etwa sechs Monaten in der Expansionsphase und gibt einen fünfstelligen Kundenzuwachs pro Woche an. (Vgl. Wißmann (2017), S. 15.).

verwalten, entspricht dies gerade einmal zwei Prozent der potentiellen Kunden.[226] Über das Transaktionsvolumen, wie viele Zahlungen tatsächlich über das System abgewickelt werden, macht PD keine Angabe.[227]

Zur Nutzergewinnung setzen die Banken besonders auf Marketingkampagnen über das Internet, Fernsehen oder ihre eigenen Vertriebskanäle. Hinzu kommen Rabattaktionen für eine Zahlung mit PD. Um den Kundennutzen zu erhöhen hat der Dienst eine „Liste von Funktionen" in Planung. Dabei handelt es sich um P2P-Zahlungen, Mobile-Payment[228] im stationären Geschäft, sowie eine Ausweitung des Händlerportfolios auf internationale Onlineshops.[229]

4.1 Transaktionsprozess

Wählt der Kunde die Zahlung mit PD, leitet der Webshop ihn zur Seite des Dienstes weiter (1-2). Dort meldet der Käufer sich mit seinen Zugangsdaten an und bestätigt die Zahlung mit einem Klick (3-4). Der Zahlungsdienst stellt darauf eine Anfrage zur Zahlungsautorisierung an die Käuferbank (5). Diese prüft die Anfrage und autorisiert die Zahlung auf ein internes Zwischenkonto (6).[230] Dem Kunden steht es offen, sich mit einer optionalen TAN-Abfrage zusätzlich abzusichern. Diese muss er zuvor im Onlinebanking-Bereich seiner Bank aktivieren. Zudem kann es in bestimmten Fällen zu einer zwingenden TAN-Abfrage kommen. Dies ist z. B. der Fall, wenn die angegebene Lieferadresse von der in PD hinterlegten Adresse abweicht.[231] Ist der Betrag auf dem Zwischenkonto verbucht, sendet die Bank des Kunden eine Zahlungsbestätigung an PD, das die Bestätigung an den Händler weiterleitet (7-8). Im letzten Schritt erfolgt die Gutschrift vom Zwischenkonto der Händlerbank auf das Konto des Verkäufers (9).[232]

---

[226] Vgl. Dietz (2016), S. 4.

[227] Vgl. Wißmann (2017), S. 15.

[228] Die Begriffe P2P-Zahlungen und Mobile Payment sind in Kapitel 3.4 erklärt.

[229] Vgl. Wißmann (2017), S. 16.

[230] Vgl. Anhang eins.

[231] Vgl. https://www.paydirekt.de/kaeufer/hilfe.html (Aufruf: 26.01.20 17).

[232] Vgl. Anhang eins.

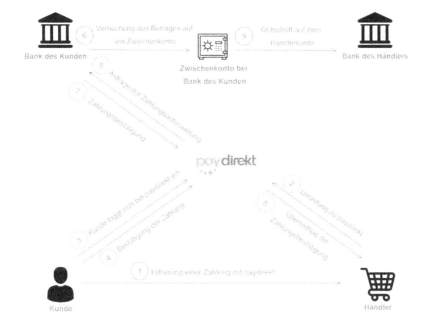

Abbildung 9 - Zahlungsablauf mit paydirekt.[233]

4.2 Problematik bei der Einführung eines Zahlungsverfahrens

Neue Zahlungsverfahren sehen sich beim Markteintritt immer mit dem sogenannten Netzwerkeffekt[234] konfrontiert. Solange nicht ausreichend Shops ein Verfahren anbieten, sehen die Nutzer wenig Mehrwert sich für ein Verfahren zu registrieren. Die Shops wiederum, haben keinen Mehrwert von einem Zahlungsverfahren, welches nur wenige Kunden nutzen möchten.[235] Der Wert eines Zahlungsverfahrens für einen einzelnen Nutzer steigt mit zunehmender Anzahl der Gesamtnutzer. Der Effekt führt zu einer positiven Rückkopplung und verstärkt sich demnach selbst.[236] Das bedeutet, wenn eine der Nutzergruppen, egal ob Kunde oder Onlineshop, zunimmt, erhöht dies den Anreiz der anderen Nutzergruppe das Verfahren ebenfalls zu nutzen.[237] Um jedoch einen Vorteil aus der positiven Rückkopplung

---

[233] Eigene Darstellung, in Anlehnung an paydirekt (2017). Logo copyright © paydirekt GmbH.

[234] Der Netzwerkeffekt bezeichnet die Veränderung des Nutzens eines Produktes bei zunehmend er oder abnehmender Anzahl der Konsumenten. (Vgl. Erhardt (2013), S. 24).

[235] Vgl. Haes (2013) ,S. 17.

[236] Vgl. Ehrhardt (2013), S. 25.

[237] Vgl. Haes (2013), S. 15ff.

eines Netzwerkeffektes zu erzielen, muss zunächst eine gewisse Nutzerbasis erzielt werden. Diese notwendige Basis wird als kritische Masse bezeichnet. Um diese zu erreichen, ist es sinnvoll sich zunächst auf jene Nutzergruppe zu fokussieren, die mit geringerem Aufwand von einer Nutzung überzeugt werden kann.[238] Im Fall von PD handelt es sich hierbei um die Käufer. Für diese ist die Registrierung beim Dienst mit einem minimalen Aufwand verbunden, für den keine Kosten anfallen.[239] Händler hingegen sehen sich bei der Anbindung mit erheblich mehr Aufwand und zusätzlichen Kosten konfrontiert.[240]

Auf Märkten mit Netzwerkeffekten sind für die Kundengewinnung bestimmte Erfolgsfaktoren definiert.[241] Zum einen bietet ein zeitlicher Vorsprung die Chance, einen freien Markt abzudecken. Diesen Vorteil hat sich PP bereits im Jahr 1999 zunutzen gemacht, weshalb PD auf andere Strategien zurückgreifen muss.[242] Weitere Möglichkeiten den Netzwerkeffekt zu überwinden besteht in der technischen Überlegenheit und dem daraus resultierenden erhöhten Kundennutzen eines Produktes gegenüber der Konkurrenz auf dem Markt.[243] Die deutschen Banken werben damit, dass PD als einziges nutzerkontobasierte Zahlungsverfahren direkt mit dem Girokonto verbunden ist. Der Geschäftsführer Bartelt (2017) sieht darin einen besonderen Vorteil im Bereich des Datenschutzes und der Transparenz. Sämtliche Zahlungsinformationen bleiben im Bankenumfeld und unterliegen dem deutschen Datenschutzrecht. Die Kundendaten gelangen somit an keine dritte Partei.[244] Durch die Überweisung auf ein Zwischenkonto ist zudem sichergestellt, dass der Händler keine Kontoinformationen des Kunden erhält. Dies soll dem Kunden maximale Anonymität gewährleisten.[245] Darüber hinaus gibt der Dienst an, dass sämtliche Onlineshops, die an den Dienst angeschlossen sind, vor Anbindung einer intensiven Prüfung unterzogen wurden, wodurch ein bedenkenloser Einkauf in diesen möglich ist.[246] Inwieweit die Online-Käufer

---

[238] Vgl. Ehrhardt (2013), S. 32f.

[239] Vgl. Wißmann (2017), S. 15.

[240] Für eine ganzheitliche Betrachtung des Themas ist eine Betrachtung beider Nutzergruppen notwendig, was allerdings den Umfang der Arbeit überschreitet. Aus diesem Grund beschränkt sich die Ausarbeitung auf die Gruppe der Käufer.

[241] Vgl. Haes (2013), S. 24.

[242] Vgl. https://www.paypal.com/de/webapps/mpp/about (Aufruf: 28.01.2017).

[243] Vgl. Haes (2013), S. 24f.

[244] Vgl. Wißmann (2017) S. 17.

[245] Vgl. Anhang eins.

[246] Vgl. Wißmann (2017), S. 17.

diese Eigenschaften von PD als Vorteil gegenüber anderen Verfahren betrachten, wird im folgenden Abschnitt untersucht.

5   Empirische Untersuchung der Kundenanforderungen an E-Payment-Verfahren

Im diesem Kapitel werden die Kundenanforderungen der Käufer an E-Payment-Verfahren mittels einer quantitativen Datenanalyse untersucht. Eine ökonomische Datenerhebung ist durch einen geringen zeitlichen Aufwand, die Vermeidung von zusätzlichen Materialien, eine einfach sowie bequeme Nutzung und Auswertung der Daten gekennzeichnet.[247] Um diesen Anforderungen gerecht zu werden, erfolgt die Datenerhebung über einen schriftlichen und standardisierten Fragebogen. Gegenüber einer mündlichen Befragung ist diese zeit- und ortsunabhängig, wodurch sich leichter größere Stichproben erzielen lassen.[248] Aufgrund der Anonymität erscheinen objektive und ehrliche Antworten wahrscheinlich. Für die Bearbeitung des Fragebogens ist kein Zeitrahmen festgelegt, wodurch der Teilnehmer keinem zeitlichen Druck ausgesetzt ist und kann seine Antworten genau überdenken kann.[249] Auf der anderen Seite hat der Initiator der Umfrage nur bedingt Einfluss die Wahl der Teilnehmer, was das Risiko der mangelnden Repräsentativität der Umfrage impliziert.[250] Ist diese nicht gegeben, können die aus der Umfrage gewonnenen Erkenntnisse nicht ohne weiteres auf eine größere Stichprobe übertragen werden. Weiterhin besitzt der Initiator der Umfrage, neben der eingeschränkten Teilnehmerwahl, keinen Einfluss auf das Umfeld, in welchem diese den Fragebogen beantworten. Interviewer und Teilnehmer stehen während der Befragung in keinem direkten Kontakt, weshalb mit einer geringeren Aktivität und Motivation der Teilnehmer zu rechnen ist, als bei einer direkten Befragung, was das Risiko des Umfrageabbruchs erhöht.[251] Um dem entgegenzuwirken gilt den Fragebogen möglichst nutzerfreundlich zu gestalten. Komplexe und aufwendige Fragestellungen sollten dabei nur begrenzt eingesetzt werden, um die Motivation und Gewissenhaftigkeit der Teilnehmer nicht zu verringern. Umfangreiche Befragungen sind über einen standardisierten

---

[247] Vgl. Porst (2014), S. 12.

[248] Vgl. Hinner (2015), S. 3.

[249] Vgl. Porst (2013), S. 48.

[250] Vgl. Wessel (2015), S. 170.

[251] Vgl. Raab et. al. (2009), S. 31ff.

Onlinefragenbogen somit nur eingeschränkt möglich. Darüber hinaus besteht die Gefahr, dass ein Teilnehmer eine Umfrage mehrfach ausfüllt und dadurch das Ergebnis verzerrt.[252]

Für die Teilnahme an der Umfrage wird hauptsächliche über das soziale Netzwerkt Facebook und per E-Mail geworben. Die Reichweite dieser Methoden ist somit auf den erweiterten Bekanntenkreis des Autors beschränkt. Dies lässt vermuten, dass ein Großteil der Umfrageteilnehmer im Alter des Autors sind und die ältere Zielgruppe über 30 Jahre eher peripher Berücksichtigung findet. Die jüngere Altersgruppe verfügt i.d.R. über eine erhöhte Souveränität im Umgang mit den digitalen Medien, weshalb davon ausgegangen wird, dass die Umfrageteilnehmer überdurchschnittlich häufig im Internet einkaufen.[253]

Für die Beantwortung der Umfrage sind keine besonderen Kenntnisse der Teilnehmer erforderlich, weshalb alle Personen mit Erfahrung im Onlineshopping als Zielgruppe der Umfrage festgelegt werden.

5.1 Vorstellung des Fragebogens

Ein Fragebogen ist als Gesamtkonzept zu betrachten. Dieses setzt sich aus Einleitung, Hauptteil, Schluss sowie dem Design und der Aufmachung zusammen. [254] Letztendlich kommt es auf ein stimmiges Gesamtkonzept an, welches hohen Einfluss auf die Qualität der gewonnenen Daten hat. Ein unzureichend konzipierter Fragebogen kann die Ergebnisse verfälschen.[255] Daraus folgt, dass die Konstruktion eines schriftlichen Fragebogens hohe Sorgfalt und Vorarbeit erfordert, da während der Beantwortung keine Rückfragen möglich sind.[256] Um die Motivation der Teilnehmer hochzuhalten und die Abbruchquote zu minimieren, gilt es einen ansprechenden Fragebogen zu entwerfen. Dieser sollte nicht mehr als 25 Elemente enthalten und die Bearbeitungszeit von 10 Minuten nicht übersteigen.[257] Ein Element ist dabei immer dann zu berechnen, wenn eine Entscheidung des Teilnehmers gefordert ist. Komplexe Fragestellungen, wie bei Matrixfragen, können demnach mehr als ein Element für sich beanspruchen.[258] In der Vorstellung des Fragebogens werden deshalb zu

---

[252] Vgl. Wessel (2015), S. 168.

[253] Vgl. D21 Digital-Index (2016), S. 35.

[254] Vgl. Reinders (2011), S. 53.

[255] Vgl. Möhring/Schütz (2013), S: 139.

[256] Vgl. Hinner (2015), S. 15.

[257] Vgl. Wessel (2015), S. 166.

[258] Vgl. Wessel (2015), S. 169.

jeder Fragestellung die Anzahl der Elemente, d. h. die Anzahl der Entscheidungen dargestellt.[259]

Zur Erstellung eines qualitativ hochwertigen Fragebogens wird dieser einer Feldstudie sogenannten Pre-Tests unterzogen.[260] Dabei konstruiert der Interviewer zunächst einen Fragebogen und legt diesen einer repräsentativen Gruppe von acht Personen vor. Nach der Beantwortung der Umfragen wird das Feedback der Teilnehmer eingeholt und besprochen. Ziel ist es, sprachliche Mängel zu identifizieren, das Verständnis und die Klarheit der Fragestellungen zu testen, die Nutzerfreundlichkeit zu verbessern sowie die durchschnittliche Bearbeitungszeit zu ermitteln.[261]

In der Einleitung erfolgt eine Instruktion des Teilnehmers, welche ihn auf die Umfrage vorbereiten sollen.[262] Dafür wird zunächst der Untersuchungsgegenstande und das Ziel der Umfrage vorgestellt. Dies ist bewusst kurzgehalten, da ausführliche Informationen den Teilnehmer beeinflussen und einen negativen Einfluss auf die Aussagekraft der Antworten haben können.[263] So wird lediglich die Information herausgegeben, dass die Umfrage Zahlungssysteme im Onlinehandel behandelt. Das genaue Ziel der Arbeit wird dem Teilnehmer nicht preisgegeben um seine Entscheidungen nicht zu beeinflussen. Weiterhin wird die in den Pre-Tests ermittelte Durchschnittsdauer von sieben bis acht Minuten angegeben, mit der Absicht den Teilnehmer auf den Aufwand der Umfrage vorzubereiten.[264] Um dem potentiellen Teilnehmer die Hemmungen zu mindern, folgt ein Hinweis, dass es sich um keine Wissensabfrage handelt. Die Definition der Zielgruppe legt dem Teilnehmer zudem zu Beginn offen, ob er für die Umfrage geeignet ist. Es folgt ein persönlicher Appell an die Befragten, welcher die Relevanz der Ergebnisse verdeutlicht und die Teilnehmer dazu motivieren soll den Fragebogen gewissenhaft und vollständig auszufüllen.[265] Dem Teilnehmer

---

[259] Der gesamte Fragebogen ist in Anhang zwei einzusehen.

[260] Vgl. Prost (2013), S. 193.

[261] Vgl. Wessel (2015), S. 169ff.

[262] Vgl. Hinner (2015), S. 23ff.

[263] Vgl. Porst (2014), S. 36.

[264] Vgl. Wessel (2015), S. 159ff.

[265] Vgl. Reinders (2011), S. 55ff.

wird zudem zugesichert, dass keine personenbezogenen Daten gespeichert werden und die Auswertung der Ergebnisse anonym erfolgt.[266]

Im Hauptteil erfolgt die Erhebung der relevanten Informationen. Dies geschieht ausschließlich über geschlossene Fragestellungen. Der Teilnehmer muss sich dabei zwischen vorgegebenen Antwortmöglichkeiten entscheiden.[267] Dies ermöglicht einen besseren Vergleich der Ergebnisse gegenüber offenen Fragen. Auf der anderen Seite erfordern geschlossene Fragen eine hohe Gründlichkeit bei der Erstellung der Bewertungsskala. Wählt der Interviewer eine unpassende Skala, kann dies den Teilnehmer zu bestimmten Antworten verleiten, was die Aussagekraft der Umfrage mindert.[268] Zudem empfiehlt es sich den Teilnehmern bei jeder Frage die Möglichkeit einzuräumen, keine Angabe zu machen, was das Risiko von Zufallsantworten mindert.[269]

Um den Befragten nicht zu überfordern, empfiehlt es thematisch ähnliche Fragen zusammenzufassen und in Blöcke zu gliedern.[270] Insgesamt wurden die Fragen in drei Blöcke eingeteilt, von denen jeweils einer pro Umfrageseite dargestellt wird.

Erster Frageblock

Der erste Block befasst sich mit Eigenschaften und dem Verhalten der Teilnehmer. Zu Beginn werden soziodemografische Daten abgefragt. Hierbei sollten nur die nötigsten Informationen erhoben werden, da Teilnehmer die Informationen zur eigenen Person eher ungern angeben und die Diskretion von hoher Bedeutung ist.[271] Aus diesem Grund beschränkt sich die Datenerhebung auf das Geschlecht (Frage 1) und das Alter (Frage 2) des Teilnehmers.[272]

Viele Autoren sind der Ansicht, dass nicht das Alter einer Person entscheidend für deren Medienkompetenz ist, sondern die realen Nutzungsgewohnheiten der Kunden.[273] Deshalb dient in dieser Arbeit neben dem Alter besonders die Häufigkeit des Onlineshoppings als

---

[266] Vgl. Wessel (2015), S. 159.

[267] Vgl. Reinders (2011), S. 59ff.

[268] Vgl. Wessel (2015), S. 169.

[269] Vgl. Reinders (2011), S. 60.

[270] Vgl. Porst (2011), S. 138.

[271] Vgl. Wessel (2015), S. 173.

[272] Die Fragen sowie die entsprechenden Antwortskalen sind in Anhang 2 einzusehen.

[273] Vgl. Kirchhoff (2014), S. 74.

wichtiger Indikator für die Beurteilung der Ergebnisse. Für die Skala wurde bewusst eine gerade Anzahl an Bewertungspunkten gewählt, wodurch sich die Teilnehmer in eher erfahrene Käufer (mehr als ein Einkauf pro Woche bis drei Einkäufe im Monat) und eher unerfahrene Käufer (2 Einkäufe im Monat bis zu weniger als 1 Einkauf pro Monat) unterteilen lassen.

Frage 3: Häufigkeit des Onlineshoppings		Elemente: 1
o Öfter als 1x pro Woche	(erfahrene Käufer)	
o 1x pro Woche	(erfahrene Käufer	
o 3x pro Monat	(erfahrene Käufer)	
o 2x pro Monat	(unerfahrene Käufer)	
o 1x pro Monat	(unerfahrene Käufer)	
o Weniger als 1x pro Monat	(unerfahrene Käufer)	

Eine Matrixfrage zur Nutzung und Bekanntheit ausgewählter Zahlungsverfahren schließt die erste Gruppierung ab. Insgesamt lassen sich die Zahlungssysteme durch fünf verschiedene Items bewerten. Die ersten drei befassen sich ausschließlich mit der Häufigkeit der Nutzung eines Zahlungssystems. Der Bezahlvorgang wird immer nur dann angestoßen, wenn ein Güterkauf die Abwicklungsphase erreicht.[274] Die absolute Häufigkeit der Nutzung eines Zahlungssystems hängt somit direkt von der Häufigkeit des Onlineshoppings ab. Vor diesem Hintergrund scheint eine absolute Skalierung unpassend, weshalb die Skala nach der relativen Nutzung der Zahlungssysteme, gemessen an der Gesamtheit der Einkäufe im Internet eines Teilnehmers, bemisst. Der Teilnehmer besitzt die Möglichkeit, zwischen regelmäßiger, gelegentlicher und seltener Nutzung zu wählen. Die übrigen zwei Items sind zu wählen, wenn der Teilnehmer ein Zahlungssystem nicht nutzt. Hierbei wird unterschieden ob ihm das genannte Zahlungssystem unbekannt ist oder ob es ihm bekannt ist und er dieses nicht benutzt.

Der Teilnehmer hat für sieben verschiedene Zahlungssysteme jeweils ein Item auszuwählen, weshalb die Frage mit sieben Elementen ins Gewicht fällt.

Frage 4: Nutzung und Bekanntheit von Zahlungssystemen		Elemente: 7
Zahlungssysteme	**Bewertungsskala**	
o Rechnung	Ich Nutze das Zahlungssystem:	
o Kreditkarte	o Regelmäßig	
o Vorkasse	o Gelegentlich	

---

[274] Vgl. Kapitel 2.1.

o PayPal	o Selten
o SOFORTüberweisung	Ich nutze das Zahlungssystem nicht, es ist mir
o giropay	o Bekannt
o paydirekt	o Unbekannt

Zweite Frageblock

Die zweite Gruppierung beinhaltet eine Fragestellung, die sich mit den Anforderungen von Zahlungssystemen aus Kapitel 3.2.2 befasst. Diese sollen für die Nutzwertanalyse in Kapitel sechs gewichtet werden, sodass eine Rangfolge entsteht. Eine Möglichkeit der Gewichtung besteht darin, die Kriterien durch die Teilnehmer auf einer Ordinalskala beurteilen zu lassen. Die Teilnehmer können dabei die einzelnen Anforderungen auf einer Skala von 1-10 zu bewerten und dadurch deren Bedeutung ausdrücken.[275] Problematisch bei dieser Methode ist, dass sämtliche Anforderungen an Zahlungssysteme eine hohe Relevanz für den Kunden aufweisen und deshalb eher als wichtig eingestuft werden. Dies kann zu Folge haben, dass die Kriterien eine ähnliche Bewertung erhalten, was eine Differenzierung zwischen diesen erschwert.[276] Um den beschriebenen Effekt zu umgehen, und eine bessere Differenzierung der Gewichtungen zu erhalten, erfolgt diese in der vorliegenden Arbeit über eine Verhältnisskalierung. Der Teilnehmer ist dazu aufgefordert die Kriterien in einer Rangfolge zu ordnen, wobei er die einzelnen Kriterien miteinander vergleichen und der Relevanz nach ordnen muss. Auch wenn er alle Kriterien als wichtig ansieht, ist er dadurch gezwungen, den jeweiligen Nutzen dieser gegeneinander zu bewerten und sich für eine Rangfolge zu entscheiden, was eine deutlichere Differenzierung der Kriterien ermöglicht.[277] Für ein besseres Verständnis des Teilnehmers bezüglich der Kriterien, werden diese im Vorfeld an die Frage kurz erläutert. Dies sorgt für ein einheitliches Verständnis der Teilnehmer und trägt zur Reliabilität der Umfrage bei.[278]

Der Nutzer muss jedem Kriterium einen Rang zuordnen. Daraus ergeben sich neun Entscheidungen, weshalb die Fragestellung mit neun Elementen bewertet wird.

| **Frage 5: Kriterien von Zahlungsverfahren** | **Elemente: 9** |
| o Technische Sicherheit | |

---

[275] Vgl. Kühnapfel (2014), S. 10ff.

[276] Vgl. Dombret (2011), S.23.

[277] Vgl. Kühnapfel (2014), S. 14.

[278] Vgl. Porst (2011), S. 138.

- o Datenschutz
- o Einfache Nutzung
- o Breite Akzeptanz in vielen Onlineshops
- o Schnelle Abwicklung
- o Erhobene Kosten für ein Verfahren
- o Zusatzfunktionen
- o Möglichkeit eine Zahlung zu widerrufen
- o Nachvollziehbarkeit der Transaktionen

Dritter Frageblock

Die dritte Gruppierung beinhaltet zwei Fragen. Die erste Frage dient zur Bewertung, möglicher Zielgruppen von PD. Dafür werden die Teilnehmer auf bestimmte **Merkmale** geprüft, die eine Wechselbereitschaft zu PD vermuten lassen. Um die Ausprägung der Merkmale bei den Teilnehmergruppen zu untersuchen, werden zunächst mehrere **Aussagen** aufgestellt, die daraufhin von Probanden aus den zuvor festgelegten Teilnehmergruppen auf Zustimmung oder Ablehnung bewerten werden. Die Aussagen werden in zwei Gruppen unterteilt. **Positive Aussagen**, lassen im Falle der Zustimmung eines Teilnehmers darauf schließen lassen, dass ein untersuchtes Merkmal stark ausgeprägt ist. Lehnt der Befragte eine positive Aussage ab, wird davon ausgegangen, dass dieser das Merkmal nur geringfügig aufweist. **Negative Aussagen** hingegen lassen bei Zustimmung auf eine leichte Merkmalsausprägung schließen. Lehnt der Teilnehmer negative Aussagen jedoch ab, deutet dies auf eine hohe Ausprägung des Merkmals hin.

Geschäftsmodelle sind erfolgreich, wenn sie dem Kunden einen Mehrwert gegenüber anderen Geschäftsmodellen bietet.[279] Daraus lässt sich das erste Merkmal ableiten, auf welches der Teilnehmer geprüft wird:

M1: Der Teilnehmer erkennt einen Mehrwert in der Nutzung von paydirekt gegenüber anderen Zahlungsverfahren.

Zur Ableitung der Aussagen dienen die in Kapitel 4.2 genannten Alleinstellungsmerkmalen von PD gegenüber anderen Zahlungsverfahren auf dem Markt. Die Ausprägung wird demnach durch die folgenden Aussagen beschrieben:

A1: Der Kunde bevorzugt es, sämtliche Transaktionen über einen Dienstleiter ablaufen zu lassen. (positiv)

---

[279] Vgl. Kapitel 2.2.1.

A2: Der Kunde bevorzugt den Datenschutz seiner Hausbank, vor dem eines anderen Dienstleisters. (positiv)

A3: Der Kunde möchte keine Bankdaten im Internet an Dritte weitergeben und die Zahlungsinformationen bei seiner Bank lassen. (positiv)

Kunden haben in der Regel eine gewisse Skepsis gegenüber neuen Verfahren und sind ihrem favorisierten Zahlungsmittel treu. Aus diesem Grund sind die Teilnehmer auf das Merkmal der Wechselbereitschaft hin zu prüfen:

M2: Der Kunde ist bereit das Zahlungsmittel unter bestimmten Umständen zu wechseln.

Die Wechselbereitschaft bzw. die Treue des Teilnehmers zu seinem favorisierten Zahlungsmittel werden durch die folgenden Aussagen geprüft:

A4: Der Kunde ist bereit den Onlineshop zu wechseln um mit seinem favorisierten Zahlungsmittel bezahlen zu können. (negativ)

A5: Der Kunde ist bereit für einen finanziellen Anreiz ein bestimmtes Zahlungssystem zu nutzen. (positiv)

Die persönliche Einstellung der Teilnehmer bezüglich der aufgestellten Aussagen lässt sich mithilfe einer fünfstufigen Likert-Skala untersuchen. Sie reicht von „Stimme voll zu" bis hin zu „Stimme gar nicht zu". Der mittlere Wert gilt als neutral, wodurch sich der Teilnehmer nicht zwingend zwischen Zustimmung und Ablehnung entscheiden muss.[280] Jede der fünf Aussagen wird von den Teilnehmern auf Zustimmung und Ablehnung geprüft, woraus sich einen Elementwert von fünf für diese Frage ergibt.

F6: Bewertung folgender Aussagen	Elemente: 5
Aussagen	**Bewertungsskala**
o A1	o Stimme voll zu
o A2	o Stimme eher zu
o A3	o Neutral
o A4	o Stimme eher nicht zu
o A5	o Stimme gar nicht zu

In der letzten Frage ist der Teilnehmer dazu aufgefordert, Zusatzfunktionen von E-Payment-Verfahren zu bewerten. Die Auswahl der Funktionen beschränkt sich auf jene, die in den in

---

[280] Vgl. Porst (2011), S. 184.

dem Kapitel 3.3.2. vorgestellten Verfahren implementiert sind. Dabei handelt es sich um den Speed-Checkout[281], P2P-Zahlungen[282], die Altersverifikation[283] und die Ratenzahlung.[284] Um sicherzustellen, dass die Teilnehmer verstehen, worum es sich bei den einzelnen Funktionen handelt, werden diese im Fragebogen kurz erklärt. Anschließend ist der Teilnehmer dazu aufgefordert die Funktionen anhand einer fünfstufigen Likert-Skala nach dem persönlichen Nutzen bewerten. Die Skala dient zu Messung der persönlichen Einstellung der Probanden zu den einzelnen Funktionen und reicht von „sehr nützlich" bis hin zu „keinem Mehrwert".[285] Es wurde sich bewusst für eine ungerade Skala entschieden, da diese eine neutrale Positionierung des Teilnehmers gegenüber der Zusatzfunktion ermöglicht.[286] Das Ergebnis dient der Bewertung von Zusatzfunktionen der Nutzwertanalyse in Kapitel sechs. Die Frage fällt mit vier Elementen ins Gewicht.

F5: Nutzen von Zusatzfunktionen	Elemente: 4
Zusatzfunktionen	Bewertungsskala
o Speed-Checkout o Altersverifikation im Internet o Geld an Freunde senden o Ratenfinanzierung	• Sehr nützlich • Eher nützlich • Neutral • Eher unnütz • Bietet keinen Mehrwert

5.2 Analyse der demographischen Daten der Umfrageteilnehmer

Insgesamt wurden 131 Fragebögen ausgefüllt, von denen bei 107 alle Fragen beantwortet wurden. Die 24 unvollständigen Fragebögen resultieren daher, dass Teilnehmer die Umfrage nicht vollständig beendet und die Internetseite der Umfrage vor Abschluss verlassen haben. Somit handelt es sich bei den 107 Fragebögen um vollständig ausgefüllte Fragebögen. Die

---

[281] Für den Einkauf in einem Onlineshop ist keine Registrierung notwendig. Er meldet sich einfach mit den Anmeldedaten seines Zahlungsdienstes an und autorisiert eine Zahlung. Die Lieferadresse bezieht der Shop vom Zahlungsdienstleister. (Vgl. https://www.paypal.com/de/webapps/mpp/express-checkout (Aufruf: 25.01.2017).).

[282] Der Begriff P2P-Zahlungen wird in Kapitel 3.4 erklärt.

[283] Der Kunde kann sein dem Zahlungssystem seine Volljährigkeit im Internet bestätigen. (Vgl. https://www.giropay.de/haendler/online-altersverifikation/ (Aufruf: 25.01.2017).).

[284] Die geleisteten Zahlungen können in Teilzahlungen (Raten) zurückgezahlt werden. (Vgl. https://www.paypal.com/de/webapps/mpp/installments (Aufruf: 25.01.2017).).

[285] Vgl. Porst (2011), S. 184.

[286] Vgl. Raab et. al. (2009), S. 53.

unvollständigen Fragebögen wurden aus den Ergebnissen ausgeschlossen, was auf eine erhöhte Datenqualität abzielt.[287] Im Durchschnitt haben die Teilnehmer 5:50 Minuten für die Umfrage benötigt und lagen somit unter den angegebenen sechs bis sieben Minuten.[288] Die Ergebnisse von Frage eins, Frage zwei und Frage drei dienten zur Bewertung der Stichprobe und der Differenzierung der Teilnehmer in erfahrene und unerfahrene Käufer. An der Umfrage haben 45 % Frauen und 55 % Männer teilgenommen. Die Annahme, dass die meisten Teilnehmer unter 30 Jahre alt sind wurde bestätigt. 74 % der Befragten sind zwischen 20 und 29 Jahre alt. Die Stichprobe ist demnach nicht als repräsentativ für die deutsche Bevölkerung anzusehen.

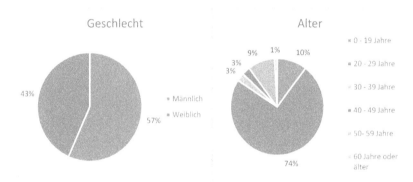

Abbildung 10 - Geschlecht und Alter der Teilnehmer.[289]

Die Einteilung der Teilnehmer in erfahrene und unerfahrene Käufer erfolgt wie im vorangehenden Kapitel beschrieben über die Häufigkeit des Onlineshoppings. Durch eine Nivellierung der Extremwerte von mehr als einmal pro Woche und weniger als einmal pro Monat, liegt der durchschnittliche Teilnehmer bei 2,3 Einkäufen pro Monat. Laut einer Studie aus dem Jahr 2015 beträgt der durchschnittliche Wert lediglich 1,6 Einkäufe im Monat.[290] Die Annahme, dass die Umfrageteilnehmer durchschnittlich häufig im Internet einkaufen konnte somit ebenfalls bestätigt werden. So fallen in die Kategorie der erfahrenen Shopper 42 % der Teilnehmer, während die Kategorie der eher unerfahrenen Shopper 58 % der Teilnehmer bemisst.

---

[287] Vgl. Porst (2011), S. 175.

[288] Vgl. Anhang drei.

[289] Vgl. Anhang drei.

[290] Vgl. http://www.retailmenot.de/studien/internationale-ecommerce-studie-2015 (Aufruf: 25.01.2017).

Häufigkeit des Onlineshoppings

- > 1x pro Woche
- 1 x pro Woche
- 3 x pro Monat
- 2 x pro Monat
- 1x pro Monat
- < 1 x pro Monat

Abbildung 11 - Häufigkeit des Onlineshoppings der Teilnehmer.[291]

5.3 Auswertung der Umfrage

Aufgrund der Vielzahl der Ergebnisse beschränkt sich die Auswertung auf auffällige und zielführende Ergebnisse.

Frage drei behandelt die Bekanntheit und die Nutzung von Zahlungsverfahren. Das Ergebnis spiegelt die Ergebnisse diverser anderer Studien wieder. Demnach sind die Rechnung und PP die beliebtesten Zahlungsverfahren, gefolgt von der Kreditkarte. Die Vorkasse sowie die Zahlungsverfahren der deutschen Banken, GP und PD, werden im Vergleich dazu relativ selten genutzt. Bis auf PD und GP sind die restlichen Zahlungsverfahren unter den Teilnehmer nahezu komplett bekannt. 34 % der Teilnehmer geben an PD nicht zu kennen. Bei GP liegt dieser Anteil bei 36 %.[292] Unterteilt man die einzelnen Gruppen in erfahrene und unerfahrene Käufer, verschiebt sich die Nutzung der Verfahren. Erfahrene Käufer zahlen häufiger mit PP oder mit Kreditkarte. Sie nutzen dafür seltener SÜ und die Rechnung als die Gruppe der unerfahrene Käufer.[293]

Ausgehend von den Nutzerzahlen erfolgt eine weitere Segmentierung der Teilnehmergruppen in Nutzer klassischer Zahlungsverfahren und Nutzer elektronischer Zahlungsverfahren. Zu Nutzern klassischer Zahlungsverfahren zählen alle Teilnehmer, die angegeben haben regelmäßig per Rechnung, Kreditkarte oder Vorkasse zu bezahlen. Die Gruppe der Nutzer

---

[291] Vgl. Anhang drei.

[292] Vgl. Anhang drei.

[293] Vgl. Anhang vier und Anhang fünf.

elektronischer Zahlungsverfahren umfasst demnach sämtliche Teilnehmer die regelmäßig ein elektronisches Zahlungsverfahren verwenden.[294]

F1: Nutzung und Bekanntheit von Zahlungsverfahren

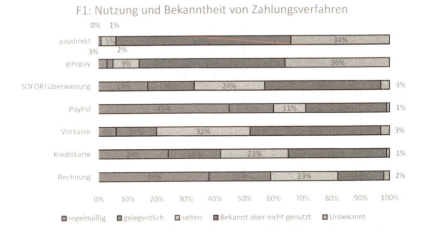

Abbildung 12 - Nutzung und Bekanntheit von Zahlungsverfahren.[295]

Frage vier behandelt Kriterien von Zahlungssystemen. Die Ergebnisse dienen als Grundlage der Nutzwertanalyse in Kapitel sechs. Dort erfolgt eine genauere Analyse der Ergebnisse sowie eine darauf basierende Gewichtung der Zielkriterien.[296] Die technische Sicherheit und der Datenschutz sind den Teilnehmern am wichtigsten. Über 60 % der Befragten sehen die beiden Kriterien auf den ersten beiden Rängen. Die Zusatzfunktionen hingegen wurden von 77 % als unwichtigstes Kriterium eingestuft.[297] Die Verteilung der restlichen Kriterien ist relativ ausgeglichen. Unerfahrene Käufer legen mehr Wert auf Datenschutz und technische Sicherheit als die Erfahrenen.[298] Für Befragte, die häufiger im Internet einkaufen gewinnt die

---

[294] Ein Teilnehmer kann zugleich der Gruppe der Nutzer klassischer Verfahren und der Gruppe der Nutzer elektronischer Verfahren zugeordnet werden. Die Einteilung berücksichtigt lediglich, welche Verfahren er regelmäßig nutzt. Die Gruppeneinteilung findet bei der Auswertung von Frage fünf Anwendung.

[295] Vgl. Anhang drei.

[296] Vgl. Kapitel 5.3

[297] Vgl. Anhang drei.

[298] Vgl. Anhang vier.

einfache Nutzung, eine schnelle Zahlungsabwicklung, die Kosten eines Verfahrens sowie eine breite Akzeptanz in vielen Onlineshops an Bedeutung.[299]

Frage fünf diente zur Zielgruppenbewertung von PD. Diese werden auf die Ausprägung zweier Merkmale geprüft. Basierend auf den Ergebnissen können individuelle Maßnahmen zur Ansprache der unterschiedlichen Zielgruppen abgeleitet werden.

Zur Auswertung der Ergebnisse wird jede Antwortmöglichkeit der Likert-Skala mit einem Punktwert von zwei bis minus zwei belegt, wobei die vorherige Segmentierung in positive und negative Aussagen relevant wird. Bei positiven Aussagen erhalten die Personen, die der Aussage am positivsten gegenüberstehen den höchsten Punktwert (2), wohingegen eine negative Einstellung mit einem negativen Wert belegt wird (-2). Negative Aussagen hingegen weisen dem Teilnehmer bei Zustimmung den niedrigsten Punktewert (-2) zu und bei Ablehnung den Höchsten (2).[300]

Art der Aussage	Stimme voll zu	Stimme eher zu	Neutral	Stimme eher nicht zu	Stimme gar nicht zu
Positiv	2	1	0	-1	-2
Negativ	-2	-1	0	1	2

Tabelle 3 - Bewertung der Aussagen.

Für jede Bewertung einer Aussage ergibt sich somit ein Punktwert zwischen zwei und minus zwei. Summiert man die Punktewerte aller Umfragen einer Teilnehmergruppe und teilt diese durch die Menge aller Gruppenmitglieder, ergibt dies einen durchschnittlichen Punktewert der einzelnen Aussagen. Je höher der durchschnittliche Wert ist, desto höher ist auch die Zustimmung der Befragten gegenüber einer Aussage.[301] Die Aussagen A1, A2 und A3 dienen zur Überprüfung der Ausprägung von M1, dem erkannten Mehrwert von PD. Die Ausprägung von M1 ergibt sich aus dem Durchschnitt der Werte von A1-A3. Gleiches gilt für den Wert von M2 und den Aussagen A5 und A6. Je höher die Werte des Merkmals liegen, desto stärker ist dessen Ausprägung bei den untersuchten Teilnehmern.

Für die Gesamtheit der Stichprobe ergeben sich, die in Darstellung zwölf abgebildeten, Durchschnittswerte. Die höchste Zustimmung erfährt dabei A1, welche besagt, dass die Kunden es präferieren sämtliche Zahlungen über einen Dienstleister zu tätigen (0,91). Auch

---

[299] Vgl. Anhang fünf.

[300] Vgl. Porst (2011), S. 95.

[301] Vgl. Raab et. al. (2009), S. 83ff.

A2 erhält unter den Teilnehmer hohen Zuspruch (0,85). Diese legen beim Thema Datenschutz größeres Vertrauen in ihrer Hausbank als in einen dritten Dienstleister. Obwohl A3 am wenigsten Zustimmung findet, wird die Aussage dennoch positiv bewertet (0,42). Folglich widerstrebt es den Teilnehmern, ihre Kontoinformationen im Internet preiszugeben. Für das Merkmal M1 ergibt sich somit ein durchschnittlicher Punktewert von 0,73. Es kann festgehalten werden, dass die Gesamtheit der Stichprobe einen erhöhten Nutzen in den Alleinstellungsmerkmalen von PD gegenüber anderen Verfahren sieht.

Das Merkmal der Wechselbereitschaft ist durch die Aussagen A5 und A6 definiert. A5 wird von den Teilnehmern deutlich abgelehnt, was auf eine treue der Teilnehmer zu ihrem favorisierten Zahlungssystem hindeutet (-0,81). Aussage A6 beschreibt die Wechselbereitschaft gegen einen finanziellen Anreiz, was durch die Teilnehmer als neutral bewertet wird (-0,01). Im Durchschnitt ergibt sich für M2 ein Punktewert von -0,41. Die Stichprobe ist ihrem favorisierten Zahlungssystem somit eher treu als wechselwillig.

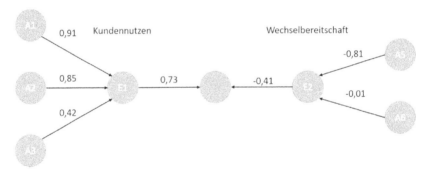

Abbildung 13 - Auswertung des Modells.[302]

Ausgehend von den ermittelten durchschnittlichen Punktewerten, welche die Merkmalsausprägung der gesamten Stichprobe beschreiben, lassen sich die Merkmalsausprägungen der unterschiedlichen Nutzergruppen bewerten. Hierbei werden für die Gruppen der erfahrenen und unerfahrenen Käufer sowie der Nutzer elektronischer und klassischer Zahlungssysteme, als auch Nutzer weiterer ausgewählter Zahlungsverfahren jeweils die individuellen Punktewerte für M1 und M2 berechnet. Die Abweichungen der Punktewerte der Gruppen von der Gesamtheit der Stichprobe sind dabei in Abbildung 13 dargestellt. Merkmal M1 ist auf der X-Achse beschrieben, während M2 auf der Y-Achse zu finden ist. Die beiden Achsen stellen die zuvor ermittelten durchschnittlichen Punktewerte der Merkmale von der gesamten Stichprobe dar, sodass die Abweichungen der

---

[302] Eigene Darstellung, angelehnt an Anhang drei.

Merkmalsausprägungen der Nutzergruppen deutlich zu erkennen sind. Alle Punkte unterhalb der X-Achse weisen eine geringere Wechselbereitschaft als die Gesamtheit der Stichprobe auf. Alle Punkte oberhalb der X-Achse haben eine höhere Wechselbereitschaft. Die Punkte rechts von der Y-Achse sehen einen überdurchschnittlich hohen und die Gruppen links von der Y-Achse einen unterdurchschnittlichen Mehrwert in PD.

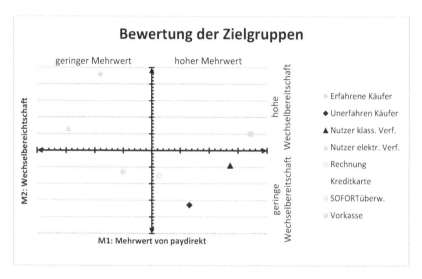

Abbildung 14 - Abweichung der einzelnen Nutzergruppen von der Gesamtheit der Stichprobe.[303]

Erfahrene Käufer und Nutzer elektronischer Zahlungsverfahren weisen demnach eine erhöhte Wechselbereitschaft auf. Auf der anderen Seite sehen sie gegenüber den anderen Teilnehmern einen geringeren Mehrwert in PD. Diese Zielgruppe ist demnach eher mit finanziellen Anreizen oder Angeboten anzusprechen. Nutzer klassischer Verfahren und unerfahrene Nutzer hingegen stimmen M1 eher zu als der Durchschnitt der Teilnehmer, sind jedoch einem Zahlungssystem treu und verfügen über eine geringere Wechselbereitschaft. Die Zielgruppe ist weniger durch finanzielle zu locken, sondern kann ist vielmehr durch die Eigenschaften von PD zu überzeugt. Ausnahme bilden die Nutzer der Vorkasse, bei denen M1 am stärksten ausgeprägt ist. Sie verfügen darüber hinaus über eine erhöhte Wechselbereitschaft, was sie zu einer attraktiven Zielgruppe werden lässt.

Frage sechs behandelt den Nutzen von Zusatzfunktionen. Diese werden ebenfalls anhand einer Likert-Skala von den Teilnehmergruppen bewertet, woraus sich für jede Funktion ein Durchschnittswert ergibt. Je höher dieser Wert ist, desto höher ist der Nutzen, die eine

---

[303] Eigene Darstellung, angelehnt an Anhang sechs.

Teilnehmergruppe in den Funktionen sieht. Negative Werte geben an, dass eine Funktion eher als unnütz angesehen wird. Die Auswertung erfolgt nach den Gruppen der erfahrenen und der unerfahrenen Käufer sowie der Gesamtheit aller Teilnehmer.

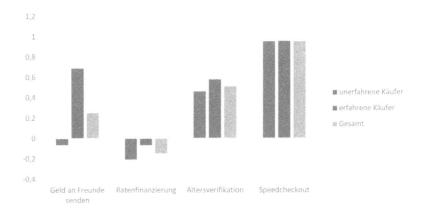

Abbildung 15 - Nutzen von Zusatzfunktionen.[304]

Im Allgemeinen ist festzuhalten, dass erfahrene Käufer einen höheren Nutzen in Zusatzfunktionen von Zahlungssystemen sehen als die unerfahrenen Käufer. Besonders deutlich ist dies an dem Beispiel der P2P-Zahlungen zu erkennen. Während die erfahrenen Käufer die Funktion eindeutig als nützlich einstufen, ist der Punktewert der unerfahrenen Käufer leicht im negativen Bereich. Dieser Trend ist auch bei den Funktionen der Ratenfinanzierung und der Altersverifikation zu erkennen. Erfahrene Käufer sehen beide Funktionen nützlicher an als die Käufer mit weniger Erfahrung. Die Ratenfinanzierung wird dabei von allen Gruppen als eher unwichtig eingestuft. Die Altersverifikation hingegen sehen alle Nutzergruppen als nützlich an. Der Speed-Checkout wird von allen Teilnehmergruppen am besten bewertet. Zwischen den Gruppen bestehen hier nur marginale Unterschiede.

6 Nutzwertanalyse ausgewählter Zahlungsverfahren

Die Nutzwertanalyse, auch Scoring-Modell genannt, ist eine qualitative Analysemethode der Entscheidungstheorie.[305] Im deutschsprachigen Raum wurde das Verfahren durch Zangenmeister (1976) bekannt. Dieser definiert es als „[...] Analyse einer Menge komplexer Handlungsalternativen mit dem Zweck, die Elemente dieser Menge entsprechend den

---

[304] Eigene Darstellung, angelehnt an Anhang sieben.

[305] Vgl. Westermann (2012), S. 35.

Präferenzen des Entscheidungsträgers bezüglich eines multidimensionalen Zielsystems zu ordnen. Die Abbildung dieser Ordnung erfolgt durch die Angabe der Nutzwerte (Gesamtwerte) der Alternative."[306] Das Bewertungsverfahren ermöglicht demnach eine Bewertung verschiedener Alternativen bezüglich mehrerer quantitativer und qualitativer Kriterien.[307] Das Ergebnis ist eine Rangfolge der Alternativen sowie ein Vergleich dieser entlang der festgelegten Kriterien, wobei die Stärken und Schwächen der einzelnen Alternativen deutlich werden.[308] Das Verfahren ist universell einsetzbar und erfordert eine systematische und stringente Vorgehensweise.[309]

Um sich ausgehend von einem Entscheidungsproblem für eine Alternative zu entscheiden, sind mehre Schritte zu durchlaufen. Zu Beginn erfolgt die **Festlegung der möglichen Entscheidungsalternativen**. Sind die Alternativen identifiziert werden die **Zielkriterien bestimmt**, nach welchen diese später bewertet werden.[310] Im nächsten Schritt werden die zuvor festgelegten **Kriterien gewichtet**. Hierbei wird jedem Kriterium ein Gewicht zugeordnet, welche die relative Bedeutung des Kriteriums, für die zu treffende Entscheidung, ausdrückt. Die Summe aller Gewichte ergibt dabei 100 %.[311] Sind die Kriterien entsprechend ihrer Relevanz gewichtet, erfolgt die **Bestimmung des Teilnutzwertes** der einzelnen Entscheidungsalternativen. Der Teilnutzwert gibt an, welchen Grad der Zielerreichung diese, im Hinblick auf die einzelnen Zielkriterien, erfüllen. Der Erfüllungsgrad reicht dabei von null Prozent (gar nicht) bis 100 % (vollständig).[312] Multipliziert man den Teilnutzwert einer Alternative mit der Gewichtung des bewerteten Kriteriums, ergibt sich der gewichtete Teilnutzwert. Die einzelnen gewichteten Teilnutzwerte einer Alternative werden später zur **Berechnung des Gesamtnutzwertes** aufsummiert. Dieser gilt als Maß dafür, inwieweit eine Handlungsalternative die Anforderungen des Entscheidungsproblems erfüllt.[313] Auf Basis des errechneten Gesamtnutzwertes lässt sich eine Rangfolge der verschiedenen Alternativen

---

[306] Zangenmeister (1976), S. 45.

[307] Vgl. Amberg et. al. (2011), S. 21.

[308] Vgl. Kühnapfel (2014), S. 1.

[309] Vgl. Fiedler (2013), S. 42.

[310] Vgl. Amberg et. al. (2011), S. 21ff.

[311] Vgl. Kühnapfel (2014), S. 10.

[312] Vgl. Hartelt (2009), S. 115ff.

[313] Vgl. Westermann (2012), S. 37.

erstellen, die im letzten Schritt der **Vorteilsbewertung** als Grundlage für die Entscheidungsfindung zwischen den Alternativen dient.[314]

6.1 Vorgehensweise und Bewertung der Methode

Die Anwendung einer Nutzwertanalyse empfiehlt sich somit besonders bei komplexen Entscheidungen zwischen vorhandenen Handlungsalternativen, bei denen zahlreiche Kriterien zu berücksichtigen sind.[315] Durch die Bewertung einzelner Zielkriterien einer Entscheidungsalternative wird das Entscheidungsproblem zunächst in kleinere Teilprobleme zerlegt. Innerhalb der Teilprobleme ist es für die Verantwortlichen beutend leichter eine Entscheidung zu fällen, als wenn dieser direkt zwischen den Alternativen wählen muss. Abschließend wird von der Gesamtheit der Entscheidungen innerhalb der Teilprobleme auf eine Entscheidung für das Gesamtproblem geschlossen. Diese Fragmentierung des Gesamtproblems erleichtert die Entscheidungsfindung bei komplexen Fragestellungen. Wird das Teilproblem zudem unabhängig vom Gesamtproblem betrachtet sowie bewertet, fördert dies die Objektivität des Verfahrens, da die subjektiven Präferenzen der Entscheidungsverantwortlichen nicht in die Entscheidung einfließen.[316] Die systematische Vorgehensweise bietet zudem einen transparenten Entscheidungsprozess, welcher sich nachvollziehbar dokumentieren lässt.[317]

Trotz der Fragmentierung der Entscheidungen, liegt die größte Schwäche der Nutzwertanalyse in der Objektivität des Verfahrens.[318] So haben die subjektiven Wahrnehmungen der Entscheidungsverantwortlichen erheblichen Einfluss auf die Wahl der Handlungsalternativen sowie auf die Auswahl, Gewichtung und Bewertung der Zielkriterien.[319] Um mithilfe des Verfahrens ein zielführendes Ergebnis zu erhalten, gilt es, die einzelnen Verfahrensschritte zu objektivieren und die individuellen Einflüsse der Entscheidungsträger auf diese zu relativieren.[320] Die Gewichtung der Zielkriterien und die Bestimmung des Teilnutzwertes werden deshalb von mehreren Personen durchgeführt, was

---

[314] Vgl. Amberg et. al. (2011), S. 24.

[315] Vgl. Westermann (2012), S. 32.

[316] Vgl. Kühnapfel (2014), S. 2ff.

[317] Vgl. Hartelt (2009), S. 117.

[318] Vgl. Hartelt (2009), S. 117.

[319] Vgl. Hoffmeister (2008), S. 307.

[320] Vgl. Hartelt (2009), S. 117.

die Entscheidungsgewalt des Einzelnen mindert und die Objektivität der Entscheidung fördert. Dafür werden in dieser Arbeit mit dem Crowdsourcing und der Schätzklausur zwei verschiedene Methoden angewandt. Crowdsourcing bezeichnet die Auslagerung von Teilaufgaben an eine Gruppe (engl. Crowd) Freiwilliger.[321] Im Rahmen dieser Arbeit wird die Methode durch die Onlineumfrage in Kapitel fünf realisiert. Die sogenannte Schätzklausur stammt ursprünglich aus dem Projektmanagement. Das Verfahren dient der Aufwandsschätzung von Projekten und Arbeitspaketen, lässt sich jedoch auch auf andere Situationen übertragen, in denen die Meinungen mehrerer Personen gefragt sind.[322] Im Projektumfeld kommen dabei der Projektleiter und die Verantwortlichen des Projektteams zusammen. Jedes Arbeitspaket oder Teilprojekt wird detailliert vorgestellt und beschrieben. Anschließend geben alle Beteiligten eine Schätzung zum Umfang des Arbeitspaketes ab. Liegen die einzelnen Schätzungen sehr weit auseinander, kann ein Moderator die Schätzer mit dem niedrigsten und dem höchsten Wert dazu auffordern ihre Angabe zu begründen. Die Schätzung wird daraufhin wiederholt.[323] Abschließend wird sich im Plenum auf eine einheitliche Bewertung des Arbeitspaketes geeinigt.[324] Bei der Anwendung des Verfahrens auf einen bestimmten Sachverhalt außerhalb des Projektumfeldes wird, anstelle der Arbeitspakete, der jeweilige Sachverhalt zunächst vorgestellt und darauf bewertet.[325] Von der beschriebenen Vorgehensweise wird ansonsten nicht abgewichen.[326]

6.2 Durchführung der Analyse

Ziel der durchgeführten Nutzwertanalyse ist es, die verschiedenen Zahlungssysteme im Internet zu bewerten und miteinander zu vergleichen. In der nachfolgenden Analyse soll dabei besonders auf die Vor- und Nachteile der einzelnen Verfahren eingegangen werden. Aufgrund der Tatsache, dass Händler und Kunden jeweils abweichende Anforderungen an Zahlungssysteme stellen, ist es notwendig jeweils eine Nutzwertanalyse je Interessensgruppe durchzuführen, um eine ganzheitliche Betrachtung des Themas zu erhalten. Der dafür

---

[321] Vgl. Howe (2010), S.15.

[322] Vgl. Alpar et. al. (2014), S. 345.

[323] Vgl. Felkai/Beiderwieden (2015), S. 254ff.

[324] Vgl. Alpar et. al. (2014), S. 346.

[325] Vgl. Burghardt (2012), S. 227.

[326] Für die Schätzklausur dieser Arbeit wurden sechs Experten aus der Finanz Informatik zu einem Präsenstermin versammelt. In dem Termin wurden alle Entscheidungsfragen nacheinander vorgestellt und bewertet.

notwendige Arbeitsaufwand übersteigt jedoch den Rahmen dieser Arbeit, weshalb sich die Nutzwertanalyse auf die Anforderungen aus Kundensicht beschränkt.

Um die Ergebnisse nachvollziehbar und transparent darzustellen, werden sämtliche Verfahrensschritte dokumentiert und die getroffenen Entscheidungen ausführlich begründet. Eine Beschreibung der genauen Vorgehensweise erfolgt dabei in den einzelnen Schritten selbst.

6.2.1 Festlegung der Entscheidungsalternativen

Bei der Festlegung der Entscheidungsalternativen ist es von hoher Bedeutung sämtliche relevanten Alternativen zu berücksichtigen.[327] Dabei sollten unwichtige oder minderwertige Alternativen bereits im Vorfeld der Analyse gefiltert werden, da jede zusätzliche Handlungsalternative zu Unübersichtlichkeiten führen kann und mit einem Mehraufwand verbunden ist.[328] Zur Ermittlung der relevanten Zahlungsverfahren wird auf eine Statistik zurückgegriffen, die bereits in Kapitel 3.3 behandelt wurde und die Umsatzanteile der einzelnen Zahlungsverfahren im Onlinehandel wiederspiegelt.[329] In der Analyse wird sich auf die umsatzstärksten Zahlungsmittel beschränkt. Daraus ergeben sich als Alternativen die klassischen Zahlungssysteme der Rechnung, Kreditkarte und Vorkasse sowie der Marktführer auf dem E-Payment-Sektor PP. Der Umsatzanteil der weiteren E-Payment-Verfahren ist, gemessen an den führenden Zahlungsverfahren zwar gering, dennoch stehen diese in direkter Konkurrenz zu PD. Aus diesem Grund werden neben PD, dem Untersuchungsgegenstand dieser Arbeit, noch die Direktüberweisungsverfahren SÜ und GP als Alternativen aufgenommen.

6.2.2 Bestimmung der Zielkriterien

Die Zielkriterien ergeben sich aus den Anforderungen, welche die einzelnen Alternativen erfüllen müssen.[330] Diese sollten möglichst operational formuliert werden, sodass sie den Bewertungsgegenstand vollständig beschreiben und für diesen relevant sein.[331] Die Wahl der Entscheidungskriterien erfolgt nach den in der Literatur definierten Anforderungen an

---

[327] Vgl. Kühnapfel (2014), S. 7.

[328] Vgl. Westermann (2012), S. 32.

[329] Bei der Statistik handelt es sich um eine Hochrechnung, welche die Umsatzanteile ohne den Versandhandel Amazon angibt.

[330] Vgl. Hartelt (2009), S. 369.

[331] Vgl. Kühnapfel (2014), S. 7ff.

Zahlungssysteme aus der Kundensicht.[332] Diese werden zunächst auf Vollständigkeit und Relevanz geprüft.

Bei der Prüfung auf Relevanz wird deutlich, dass die Anforderung des **universellen Einsatzes von Zahlungssystemen** veraltet ist. Sämtliche betrachtete Zahlungssysteme sind in der Lage sowohl, Micro-, Normal- und Macropayment Beträge zu transferieren.[333] Das Kriterium ist somit obsolet und wird in der Nutzwertanalyse nicht betrachtet. Die anderen Anforderungen sind jedoch aktuell und gehen in die Analyse ein.

Zur Prüfung auf Vollständigkeit der Bewertungskriterien wird eine Studie über die Einflussfaktoren bei der Wahl eines Zahlungssystems aus Kundensicht herangezogen. Es erfolgte ein Abgleich, der dort aufgeführten Einflüsse, mit den in der Fachliteratur definierten Anforderungen an Zahlungssysteme. Dabei wird deutlich, dass neben den in der Literatur aufgeführten Kriterien besonders die Zusatzfunktionen der Alternativen hohen Einfluss auf die Wahl eines Zahlungsmittels haben.[334] Aus diesem Grund werden die Zusatzfunktionen als weiteres Zielkriterium aufgenommen. Diese sind als wünschenswerte Anforderung definiert, wohingegen die in der Literatur aufgeführten Anforderungen als zwingend notwendig betrachtet werden.[335]

Zur besseren Übersichtlichkeit und der Prävention von methodischen Fehlern empfiehlt es sich die Kriterien in Gruppen zu unterteilen.[336] Die Gruppierung erfolgt nach Schwickert und Zapkau (2006) in **Sicherheits-, Nutzungs- und Wirtschaftlichkeitskriterien.**[337]

Die Kriterien K1, K4, K5 und K8 sind durch mehrere Gesichtspunkte charakterisiert, weshalb sie wiederum in Unterkriterien (K.K) gegliedert sind.[338] Die Bewertung erfolgt nicht nach dem Hauptkriterium selbst, sondern nach den jeweiligen Unterkriterien. Die Aufspaltung in

---

[332] Vgl. Kapitel 3.2.2.

[333] Vgl. Dombret (2011), S. 26.

[334] Vgl. https://de.statista.com/statistik/daten/studie/71698/umfrage/kriterien-fuer-die-auswahl-von-zahlungsverfahren/ (Aufruf: 31.01.2017.)

[335] Vgl. Hartelt (2008), S. 369ff.

[336] Vgl. Kühnapfel (2014), S. 10.

[337] Vgl. Schwickert/Zapkau (2006), S. 63ff.

[338] Die Beschreibung der Zielkriterien und der Unterkriterien sind in Kapitel 3.2 zu finden.

Unterkriterien erleichtert die Bewertung der Hauptkriterien und erhöht die Transparenz der Entscheidungsfindung.[339]

Gruppierung	K	Bezeichnung	K.K	Ausprägung
Sicherheitskriterien	K1	Technische Sicherheit	K1.1	Fehleranfälligkeit
			K1.2	Absicherung
	K2	Datenschutz	K2	Weitergabe, Nutzung der Daten
	K3	Nachvollziehbarkeit der Transaktionen	K3	Dokumentierung und Einsicht der Transaktionen
Benutzerkriterien	K4	Einfache Anwendung	K4.1	Registrierung
			K4.2	Abwicklung
	K5	Verbreitung	K5.1	Gesamtverbreitung
			K5.2	Verbreitung in Top-Shops
	K6	Schnelligkeit der Abwicklung	K6.1	Zeitpunkt des Zahlungseingang-, garantie
	K7	Zusatzfunktionen	K7	Nutzen der Funktionen
Wirtschaftlichkeits-kriterien	K8	Kosten eines Verfahrens	K8.1	Kosten pro Transaktion
			K8.2	Grundgebühr
	K9	Möglichkeit zum Widerruf	K9	Zahlungszeitpunkt

Tabelle 4 - Gruppierte Zielkriterien.

6.2.3 Gewichtung der Zielkriterien

Nach der Bestimmung der Zielkriterien wird festgelegt, welche Bedeutung diese für das Entscheidungsproblem haben. Dafür wird jedem Kriterium die relative Gewichtung anhand einer Prozentzahl zugewiesen. Die Summe aller Gewichte ergibt dabei 100 %. Die Gewichtung hat erheblichen Einfluss auf das Ergebnis der Nutzwertanalyse, da es definiert, wie stark ein bestimmtes Kriterium in die finale Auswertung einfließt.[340]

Um eine möglichst objektive Gewichtung der Kriterien zu erhalten, erfolgt diese über die Methode des Crowdsourcings. Im Rahmen der durchgeführten Onlineumfrage in Kapitel fünf waren die Teilnehmer aufgefordert, die Bewertungskriterien nach ihrer persönlichen Präferenz zu ordnen. Für jeden Bogen ergibt sich daraus eine Wertung der Kriterien in der Reihenfolge von eins (am wichtigsten) bis neun (am unwichtigsten). Ist ein Kriterium bei einem Fragebogen an erster Stelle, wird diesem neun Punkte zugewiesen. Je tiefer ein Kriterium in der Rangfolge eingestuft wurde, desto weniger Punkte erhält es in dem

---

[339] Vgl. Kühnapfel (2014), S. 8.

[340] Vgl. Westermann (2012), S. 42.

Fragebogen. Ein Kriterium auf dem letzten Rang wird folglich ein Punkt zugewiesen. Die Summe aller Punkte die ein Kriterium (K) pro Ranking erhält (p_n), ergibt die Gesamtpunkteanzahl eines Kriteriums P_k.

$$P_k = \sum_{i=1}^{n} p_i = p_1 + p_2 + \cdots + p_n$$

Nach der Summenfolge werden demnach 45 Punkte pro Fragebogen vergeben. Bei $n = 101$ bewerteten Fragebögen ergibt sich somit eine Summe von $P_{Gesamt} = 4545$ vergebenen Punkten.[341]

$$n * \left(\sum_{i=1}^{9} a_i \right) = 101 * 45 = P_{Gesamt}$$

Mittels P_{Gesamt} und der Punktzahl eines Kriteriums (P_k) lässt sich der prozentuale Anteil der Punkte eines Kriteriums an der Gesamtpunktzahl ermitteln. Dieser Anteil entspricht der Gewichtung eines Kriteriums (G_k).

$$\frac{P_k}{P_{Gesamt}} * 100 = G_k$$

Rang	Punkte	K1	K2	K3	K4	K5	K6	K7	K8	K9	$\sum$
1	9	47	26	3	7	8	5	0	5	0	
2	8	27	35	4	12	8	7	1	6	1	
3	7	4	9	14	17	12	18	1	13	13	
4	6	9	11	14	13	17	10	0	12	15	
5	5	6	4	12	20	14	18	1	13	13	101
6	4	3	7	9	12	15	15	2	18	20	
7	3	4	5	14	12	13	16	4	14	19	
8	3	1	4	20	7	11	12	16	13	17	
9	1	0	0	11	1	3	0	76	7	3	
Gesamtpunkte P_k		777	714	430	555	516	509	148	468	428	P_{Gesamt} 4545
Gewichtung G_K		17 %	16 %	10 %	12 %	11 %	11 %	3 %	10 %	10 %	100 %

---

[341] Von den 108 ausgefüllten Fragebögen werden nur 101 zur Gewichtung herangezogen. Die restlichen sieben Fragebögen wiesen nicht die gewünschte Anwortqualität auf und wurden für diese Gewichtung nicht berücksichtigt.

Tabelle 5 - Gewichtung der Hauptkriterien.[342]

Nach der Gewichtung der Hauptkriterien erfolgt die Gewichtung der Unterkriterien im Rahmen der Schätzklausur. Dabei werden die untergliederten Hauptkriterien K1, K4, K5 und K8 und deren Unterkriterien zunächst vorgestellt und erläutert. Die Experten schätzen anschließend die relative Bedeutung eines Unterkriteriums für ein Hauptkriterium ein. Die Gewichtung des Hauptkriteriums wird mit der relativen Gewichtung eines Unterkriteriums multipliziert und ergibt die reale Gewichtung eines Unterkriteriums.

Hauptkriterium	K1		K4		K5		K8	
Gewichtung G_K	17 %		12 %		11 %		10 %	
Unterkriterium	K1.1	K1.2	K4.1	K4.2	K5.1	K5.2	K8.1	K8.2
rel. Gewichtung	30 %	70 %	20 %	80 %	50 %	50 %	70 %	30 %
Real-Gewichtung	5,1 %	11,9 %	2,4 %	9,6 %	5,5 %	5,5 %	7 %	3 %

Tabelle 6 - Gewichtung der Unterkriterien.

---

[342] Vgl. Anhang drei.

6.2.4 Bestimmung des Teilnutzwertes

Im nächsten Schritt erfolgt Bestimmung des Teilnutzwertes, welcher durch den Zielerfüllungsgrade der einzelnen Alternativen nach den zuvor gewichteten Zielkriterien beschrieben ist. Dieser wird anhand einer Bewertungsskala bemessen, die möglichst eindeutig sein und keinen Interpretationsspielraum bezüglich der Bewertungsstufen zulassen sollte. Weiterhin ist darauf zu achten, dass sie praktikabel ist und Alternativen so abbildet, dass ein differenzierter Vergleich dieser möglich ist.[343] Von zu großen oder zu kleinen Skalen ist dabei abzuraten. Eine große Skalierung z. B. von null bis 1000 Punkten bietet viele Auswahlmöglichkeiten, was die Entscheidungsfindung erschwert. Kleine Skalierungen, wie z. B. eine Drei-Punkte-Skala, bieten dagegen kaum die Möglichkeit zwischen den Alternativen zu differenzieren.[344] In dieser Arbeit erfolgt die Bewertung der Zielkriterien anhand einer Punkteskala von null bis zehn Bewertungspunkten.

Die zu bewertenden Zielkriterien sind sowohl qualitativer als auch quantitativer Art. Quantitative Kriterien lassen sich durch Zahlen bemessen, was es erlaubt, diese ohne die Hinzunahme weiterer Entscheidungsträger anhand der gewählten Ordinalskala abzubilden.[345] Qualitative Zielkriterien hingegen sind nicht unmittelbar in Zahlenwerten messbar. Zur Abbildung des Zielerfüllungsgrades qualitativer Kriterien auf einer Ordinalskala sind diese vorher in quantitative Zahlenwerte zu transformieren.[346] Von der alleinigen Quantifizierung des Zielerfüllungsgrades durch den Autor wird aufgrund der subjektiven Meinung und persönlichen Präferenzen abgesehen. Der Ansatz, die Analyse ebenfalls über den Onlinefragebogen an die Gruppe der Umfrageteilnehmer auszulagern, gestaltet sich jedoch problematisch. Es kann nicht davon ausgegangen werden, dass die Teilnehmer mit sämtliche Zahlungsverfahren und deren jeweiligen Vor- und Nachteilen vertraut sind.[347] Nur ein Bruchteil der Teilnehmer wäre somit in der Lage sämtliche aufgeführten Zahlungsverfahren nach den festgelegten Kriterien zu bewerten. Um dieses Problem zu umgehen, müssten für jedes Bewertungskriterium die Besonderheiten der einzelnen Alternativen aufgeführt und verständlich erklärt werden. Diese Vorgehensweise lässt den Fragebogen sehr komplex und Aufwendig in der Beantwortung werden, wodurch das Risiko des Abbruchs deutlich

---

[343] Vgl. Kühnapfel (2014), S. 14.

[344] Vgl. Westermann (2012), S. 42.

[345] Vgl. Hartelt (2009), S. 264.

[346] Vgl. Kempf (2010), S. 1.

[347] Vgl. Anhang drei.

zunimmt. Für eine möglichst objektive Bewertung in Kombination mit einem nutzerfreundlichen Fragenbogen, wird deshalb ebenfalls hier auf die Methode der Schätzklausur zurückgegriffen. Zur transparenten Darstellung des Bestimmungsprozesses des Zielerfüllungsgrades werden die jeweiligen Eigenschaften der Alternativen ausführlich aufgezeigt und miteinander verglichen.

Kriterium K1 - Technische Sicherheit

Das Hauptkriterium der technischen Sicherheit setzt sich aus den Unterkriterien der **Absicherung** (K1.1) und der **Fehleranfälligkeit** (K1.2) eines Verfahrens zusammen. Die Fehleranfälligkeit beschreibt die Wahrscheinlichkeit, dass bei der manuellen Eingabe von Daten durch den Nutzer Fehler entstehen können. Je mehr Daten der Nutzer eigenständig übertragen muss, desto anfälliger wird das Verfahren gegenüber Fehlern.[348] Zur Abwicklung des Transaktionsprozesses sind bestimmte Zahlungsinformationen notwendig. Hierbei handelt es sich um den Namen des Zahlungsempfängers, seiner Kontoverbindung[349], dem zu zahlenden Betrag sowie einen Code, mit welchem die Transaktion einer Bestellung zugeordnet werden kann. Sämtliche elektronische Zahlungsverfahren (PP, SÜ, GP, PD) sowie die Kreditkarte übernehmen diese Zahlungsinformationen automatisch in ein Überweisungsformular, welches der Käufer lediglich bestätigen muss. Die automatisierte Übernahme der Zahlungsinformationen schließt manuelle Übertragungsfehler aus und reduziert die Fehlerwahrscheinlichkeit auf ein Minimum.[350] Bei der Zahlung mit Kreditkarte werden zwar die Zahlungsinformationen des Händlers in das Formular übernommen, seine eigenen Kreditkarteninformationen (Name, Kartennummer, Prüfziffer und Gültigkeitsdatum) muss der Käufer jedoch eigenhändig eintragen. Auch wenn die Kartennummer mit dem Namen, der Prüfziffer und dem Gültigkeitsdatum abgeglichen wird, ist diese Methode fehleranfälliger als eine automatisierte Übernahme.[351,352] In der Schätzklausur wird sämtlichen elektronischen Zahlungssystemen ein Teilnutzwert von zehn Punkten zugesprochen. Die Kreditkarte erhält acht Punkte. Die Überweisung einem Kauf auf Rechnung oder per Vorkasse ist dagegen fehleranfälliger. Der Käufer trägt sämtliche Zahlungsinformationen manuell ein. Die IBAN wird mittels der Prüfziffer auf Eingabefehler untersucht. Die Höhe des Betrages sowie der Identifikationscode unterliegen jedoch keiner

---

[348] Vgl. Schön (2015), S. 178.

[349] Bei einer Zahlung mit PP handelt es sich dabei um das Nutzerkonto des Händlers.

[350] Vgl. Dewner et. al. (2012), S. 736.

[351] Vgl. Kapitel 3.3.

[352] Vgl. Schön (2015), S. 179.

zusätzlichen Prüfung. Sollte dem Kunden hierbei ein Fehler unterlaufen, kann dies zu Störungen und Verzögerungen in der Nachbearbeitung der Zahlungen beim Händler führen.[353] Beide Verfahren erhalten einen Teilnutzwert von vier Punkten.

Die Absicherung des Verfahrens beschreibt die zusätzlichen Sicherheitsmechanismen, die zur Sicherheit der Zahlung beitragen, wie die Eingabe einer PIN oder einer TAN. Die Rechnung und die Vorkasse sowie die Direktüberweisungsverfahren GP und SÜ basieren auf einer Überweisung und bieten dadurch die höchste technische Absicherung. Der Käufer legitimiert seine Zahlungen mit seinen Onlinebanking-Daten und einer zusätzlichen TAN.[354] Der Rechnung, Vorkasse und GP wird ein Teilnutzwert von zehn Punkten zugesprochen. Das Verfahren der SÜ hingegen erhält Punkteabzug, da der Käufer seine Legitimationsdaten an einen Drittanbieter weitergibt und sich nicht selbst direkt im Onlinebanking anmeldet, wodurch sich das Missbrauchsrisiko zunehmend erhöht.[355] Der Teilnutzen wird deshalb mit nur acht Punkten bewertet. PP und PD sind als nutzerkontenbasierte Zahlungsverfahren lediglich mit dem Nutzernamen und Passwort abgesichert, was in der Schätzklausur mit sechs Bewertungspunkten bemessen wird. Für eine Zahlung mit PD kann jedoch in wenigen Fällen die Eingabe einer TAN erforderlich sein. Zudem steht es dem Käufer offen, eine TAN-Abfrage für jeden Bezahlvorgang mit dem Dienst einzurichten.[356] Die Möglichkeit der optionalen TAN-Abfrage erhöht die Sicherheit des Dienstes, weshalb der Teilnutzen von GP von sechs auf acht Bewertungspunkte angehoben wird. Mit einer Kreditkarte kann im Internet i.d.R. jeder bezahlen, der über die, auf der Karte abgebildeten, Informationen verfügt. Dies lässt die Zahlung per Kreditkarte anfällig für einen Missbrauch werden. Um dem entgegenzuwirken, haben die Kreditkartengesellschaften und Banken spezielle Absicherungsmechanismen, wie den MasterCard SecureCode[357] oder den S-ID-Check[358], entwickelt. Diese erfordern bei der Zahlung die zusätzliche Eingabe eines Codes oder einer speziellen TAN. Die Dienste müssen dafür jedoch von den jeweiligen Onlineshops angeboten

---

[353] Vgl. Dombret (2011), S. 35.

[354] Vgl. Kapitel 3.3.

[355] Vgl. Schön (2015), S. 145.

[356] Vgl. Kapitel 4.1.

[357] Der MasterCard SecureCode ist ein Authetifizierungsverfahren bei welchem der Käufer neben seinen Kreditkartendaten einen geheimen Sicherheitscode bei Kartenzahlungen im Internet angeben muss.

[358] Der S-ID-Check ist ein Authentifizierungsverfahren der Sparkassen. Zusätzlich zu den Kreditkartendaten muss der Kunde seine Zahlung mittels einer mobilen Tan, die er über eine separate App erhält, legitimieren.

werden und erfordern eine vorherige Registrierung des Karteninhabers.[359,360] Dennoch verleihen die angebotenen Mechanismen dem Kunden einen optionalen Sicherheitsaspekt, bei der ansonsten unsicheren Kartenzahlung im Internet. In der Schätzklausur wird dies mit fünf Punkten bewertet.

Kriterium K2 – Datenschutz

Das Kriterium des Datenschutzes wird durch Verwendung der Kundendaten und die Weitergabe von Daten an Dritte bewertet. Die klassischen Verfahren der Rechnung und der Vorkasse bieten dem Kunden einen hohen Datenschutz, da beiden Verfahren die Transaktion per Banküberweisung abwickeln. Der Händler erhält somit lediglich den Namen und Bankverbindung des Käufers.[361] Die drei Verfahren werden bezüglich des Datenschutzes mit neun Punkten bewertet. PD basiert ebenfalls auf einer Überweisung, verfügt dabei jedoch über einen noch höheren Datenschutz als die zuvor genannten Alternativen. Durch die Nutzung eines Zwischenkontos bei der Überweisung ist für den Händler weder der Name, noch die Bankverbindung des Kunden ersichtlich. Der Dienst erhält somit zehn Punkte. Kreditkartendaten sind nach dem Bundesdatenschutzgesetz (kurz BDSG) besonders schutzwürdig. Den Kreditkartenunternehmen und den herausgebenden Kreditinstituten ist es untersagt Werbe-Kundenprofile zu erstellen und die Zahlungsdaten an dritte für deren Werbezwecke weiterzugeben. Eine Ausnahme bildet dabei die interne Verwendung zur eigenen Werbenutzung.[362] Der Datenschutz der Kreditkarte wird demnach mit sieben Punkten bewertet. Der Datenschutz der E-Payment-Verfahren PP und SÜ hingegen ist als kritisch einzustufen. Beim Dienst der SÜ stellt der Kunde seine Zugangsdaten für sein Onlinebanking einem dritten Dienstleister zur Verfügung. Die SÜ speichert die Kontoumsätze der vergangenen 30 Tage, den Rahmen des Dispositionskredites, die Stände aller Konten des Kunden bei der Bank sowie die Daten sämtlicher geplanter und bereits durchgeführter Auslandsüberweisungen. Diese sensiblen Kontoinformationen dienen zum Erstellen eines individuellen Persönlichkeitsprofils des Kunden.[363] Im Rahmen der Schätzklausur erhält die SÜ demnach lediglich zwei Punkte. PP speichert neben den eigentlichen Transaktionsdaten

---

[359] Vgl. https://www.mastercard.de/de-de/privatkunden/produkte-features/features/securecode.html (Aufruf: 31.01.2017).

[360] Vgl. https://www.sparkassen-kreditkarten.de/sicherheit (Aufruf: 31.01.2017).

[361] Vgl. Kapitel 3.3.1.

[362] Vgl. Kranig (2014).

[363] Vgl. http://www.handelsblatt.com/finanzen/steuern-recht/recht/urteil-gegen-sofortueberweisung-ein-unzumutbares-bezahlsystem/12053726.html (Aufruf: 04.02.2017).

noch eine Vielzahl weiterer Informationen über den Kunden, wie Telefonnummer, mögliche Geschäftsbeziehungen oder aufgerufene Webseiten. Mit der Nutzung von PP willigt der Kunde ein, dass die Informationen an unterschiedliche Dienstleister weitergegeben werden. Hierzu zählen zahlungsverarbeitenden Unternehmen, Wirtschaftsprüfer, Kundendienstmitarbeiter, Kreditwürdigkeitsstellen und Auskunfteien, Anbietern von Finanzprodukten, Handelspartnern sowie Marketing- und PR-Unternehmen. Letztere bereiten die Informationen auf und erstellen ein umfangreiches Käuferprofil. Dies enthält Konsumgewohnheiten, Vorlieben und Informationen zu dessen Beziehungen zu anderen Unternehmen und Finanzdienstleistern.[364] Der Zahlungsdienst steht aufgrund dieses Vorgehens häufig in der Kritik und erhält in der Schätzklausur 3 Punkte.[365]

Kriterium K3 – Nachvollziehbarkeit

Die Nachvollziehbarkeit stellt ein qualitatives Zielkriterium dar und wird deshalb im Rahmen der Schätzklausur bewertet. Alle betrachteten Zahlungssysteme erfüllen das Kriterium vollständig. Eine Transaktion mittels Rechnung, Vorkasse und GP wird per Überweisung vom Girokonto abgewickelt. Der Käufer hat demnach die Möglichkeit, den Geldtransfer im Onlinebanking-Bereich seiner Bank bzw. auf dem Kontoauszug nachzuweisen.[366] Die Zahlungsverfahren erhalten jeweils neun Punkte. Buchungen auf einer Kreditkarte können häufig ebenfalls online eingesehen werden. Hier erhält der Käufer zusätzlich eine monatliche Aufstellung seiner Umsätze. Die E-Payment-Verfahren PP, SÜ und GP bieten die Möglichkeit, die Buchungen Online auf der Webseite oder per App abzurufen. Darüber hinaus erhält der Kunde ebenfalls eine monatliche Aufstellung seiner getätigten Transaktionen.[367] Diese verschafft dem Käufer einen zusätzlichen Überblick über seine Zahlungen, weshalb die Kreditkarte, PP, SÜ und GP einen Punkt mehr erhalten als die weiteren Verfahren und mit zehn Punkten bewertet werden.

Kriterium K4 – Einfache Anwendung

Bei der Einfachheit der Anwendung eines Verfahrens handelt es sich um ein qualitatives Zielkriterium, welches sich durch die Unterkriterien K4.1 **Einfachheit des Zahlungsvorganges** und K4.2 **Einfachheit der Registrierung** charakterisiert. Die

---

[364] Vgl. https://www.paypal.com/de/webapps/mpp/ua/third-parties-list (Aufruf: 04.02.2017).

[365] Vgl. http://www.handelsblatt.com/finanzen/steuern-recht/recht/paypal-aendert-seine-agb-daten-fuer-alle/11727840.html (Aufruf: 04.02.2017).

[366] Vgl. Dewner et. al. (2012), S. 856.

[367] EHI Retail Institut (2016), S. 35.

Einfachheit eines Prozesses ergibt sich durch die Anzahl und den Aufwand der einzelnen Prozessschritte, die ein Nutzer in diesem durchlaufen muss. Für die klassischen Verfahren der Rechnung und der Vorkasse sowie den Direktüberweisungsverfahren SÜ und GP ist keine Registrierung notwendig, weshalb die Alternativen jeweils den Punktewert zehn erhalten.[368] PD ist im Onlinebanking-Bereich der Bank zu aktivieren.[369] Der Kunde muss dabei lediglich einen Benutzernamen, Passwort, Lieferadresse sowie E-Mail angeben und die Anmeldung mit der Eingabe einer TAN verifizieren. Nach Bestätigung der E-Mail kann der Dienst für Zahlungen verwendet werden.[370] Bei PP muss der Kunde neben seinem Namen, Lieferadresse, Staatsangehörigkeit, E-Mailadresse und Passwort zusätzlich ein Bankkonto oder eine Kreditkarte hinterlegen, bevor dieser mit dem Dienst bezahlen kann.[371] Um den Dienst uneingeschränkt Nutzen zu können, müssen Bankkonto oder Kreditkarte zuvor bestätigt werden. Dafür wird dem entsprechenden Zahlungsmedium ein Centbetrag gutgeschrieben. Im Verwendungszweck befindet sich ein vierstelliger Code, welchen der Kunde im Kundenbereich von PP eingeben muss um das Medium zu verifizieren. Laut PP kann dies zwei bis drei Tage in Anspruch nehmen.[372] Der Vorgang führt somit zu einem höheren Registrierungsaufwand gegenüber PD, welches direkt mit dem Girokonto verbunden ist und damit kein zusätzliches Zahlungsmittel benötigt. In der Schätzklausur wurde der Registrierungsprozess von PP mit sechs Punkten bewertet. PD erhält einen Teilnutzen von acht Punkten. Eine Kreditkarte kann der Kunde bei seiner Hausbank oder einer anderen Vergabestelle beantragen. Dafür ist muss ein Antragsformular ausfüllen und unterschreiben. Geschieht dies in der Filiale, kann sich der Kunde direkt legitimieren und sämtliche Schritte vor Ort erledigen. Wird der Kreditkartenantrag jedoch über das Internet angestoßen, ist eine zusätzliche Legitimation des Antragstellers notwendig. Diese kann über das Post-Ident-Verfahren[373] oder per Videotelefonie erfolgen. Erfüllt der Kunde die Voraussetzungen für den Besitz der Kreditkarte, wird ihm diese i.d.R. innerhalb von zwei Wochen per Post zugestellt. Die Beantragung einer Kreditkarte ist der aufwendigste. Der Kunde muss zunächst einen

---

[368] Vgl. Kapitel 3.3.

[369] Vgl. Kapitel 4.

[370] Vgl. Wißmann (2017), S. 18.

[371] Vgl. https://www.paypal.com/de/cgi-bin/webscr?cmd=_registration-run-validated&account_type=1& country=DE&cid=M9FKEKE6YVT23J8S?campaign=true (Aufruf: 25.01.2017).

[372] Vgl. https://www.paypal.com/de/webapps/mpp/security/buy-verificationfaq (Aufruf 04.02.2017).

[373] Beim Post-Ident-Verfahren wird die Identifikation durch Mitarbeiter der deutschen Post in einer Filiale oder beim Käufer zuhause vorgenommen (Vgl. https://www.deutschepost.de/de/p/postident.html (Aufruf: 04.02.2017).).

manuellen Antrag ausfüllen und sich in der Filiale oder mit einem der genannten Verfahren legitimieren. In der Schätzklausur erhält die Kreditkarte demnach eine Wertung von vier Punkten.

Das Kriterium K4.1 beschreibt die Einfachheit der Transaktionsprozesse, welche in Kapitel 3.3 ausführlich aufgeführt sind. Die Zahlungsprozesse von PP und PD bieten die nutzerfreundlichste Abwicklung. Der Käufer hat lediglich zwei Schritte durchzuführen. Er wählt die Zahlung mit einem der Verfahren, wird automatisch zur Seite weitergeleitet, meldet sich dort mit seinem Nutzerkonto an und bestätigt die Zahlung per Klick. Der Aufwand für diese Schritte ist minimal, weshalb die Verfahren mit zehn Punkten bewertet werden. Die Zahlung mit SÜ und GP erfordert mit drei Prozessschritten eine Kundeninteraktion mehr als die Zahlung per GP und PP. Durch die Angabe einer BLZ gelangt der Kunde zu einem Log-In-Bereich, in welchem er sich mit seinen Onlinebanking-Daten anmeldet. Zur Bestätigung der Zahlung ist zudem die Eingabe einer TAN notwendig, was den Aufwand des Transaktionsprozesses zusätzlich erhöht. Die Zahlungsabwicklung der beiden Direktüberweisungsverfahren wird mit acht Punkten bewertet. Die Zahlung mit einer Kreditkarte erfordert zwei Prozessschritte. Der Kunde muss dazu lediglich die Karteninformationen in ein Webformular eingeben und die Zahlung bestätigen.[374] Da die Karteninformationen manuell eingetippt werden müssen ist der Aufwand jedoch größer als bei den erstgenannten Alternativen zu bewerten. In der Schätzklausur wurde ein Teilnutzwert von acht Punkten ermittelt. Bei der Zahlung per Rechnung und per Vorkasse muss der Kunde sämtliche Zahlungsinformationen manuell in das Überweisungsformular eingeben. Die manuelle Eingabe im Onlinebanking, am Bankterminal oder auf einem Überweisungsträger erhöht den Aufwand deutlich. Bei der Zahlung per Vorkasse kann der Kunde direkt am Anschluss an den Bestellprozess die Ware bezahlen, worauf er beim Kauf auf Rechnung bis zur Lieferung der Ware warten muss. In der Schätzklausur erhält die Zahlung per Vorkasse drei Punkte. Die Rechnung erhält aufgrund der zwingenden Verzögerung im Zahlungsprozess einen Punktabzug und wird mit zwei Punkten bewertet.

Kriterium K5 – Verbreitung

Bei der Verbreitung eines Zahlungsverfahrens handelt es sich um ein quantitatives Zielkriterium, weshalb keine Bewertung durch die Schätzklausur notwendig ist. Das Hauptkriterium bestimmt sich durch die Verbreitung unter der **Gesamtheit aller Onlineshops** in Deutschland (K5.1) und der Verbreitung unter den **Top-20-Onlineshops** (K5.2). PP ist mit über 50.000 Händlern das meist verbreitete Zahlungsmittel in Deutschland und wird deshalb

---

[374] Dazu zählen der Name des Karteninhabers, die Kartennummer, das Gültigkeitsdatum und die Prüfziffer.

mit 10 Punkten bewertet. Ausgehend davon wird der prozentuale Anteil der weiteren Verfahren berechnet und anschließend auf ganze Zahlen gerundet, woraus sich der Zielerfüllungsgrad der Alternativen ergibt. Bei Kriterium 5.2 beschreibt eine vollständige Abdeckung (20 von 20 möglichen Shops bieten ein Verfahren an) den maximalen Zielerfüllungsgrad. Davon ausgehend wird ebenfalls der prozentuale Anteil der jeweiligen Verfahren berechnet. Dieser wird gerundet und bestimmt den Punktewert der einzelnen Alternativen.

	PP	SÜ	GP	PD	RE	VK	KK
Anzahl Shops[375]	50.000[376]	35.000[377]	8.904*	580[378]	31.607*	48.630*	32.192*
Anteil	100 %	70 %	18 %	1 %	63 %	97 %	64 %
Bewertung K5.1	10	7	2	0	6	10	6
Anzahl Top 20[379]	17	13	3	4	16	12	19
Anteil	85 %	65 %	15 %	20 %	80 %	60 %	95 %
Bewertung K5.2	9	7	2	2	8	6	10

Tabelle 7 - Verbreitung von Zahlungsverfahren.[380]

Kriterium K6 – Schnelligkeit der Abwicklung

Das Kriterium K6 ist qualitativer Art und bedarf somit der objektiven Einschätzung der Schätzklausur. Eine schnelle Abwicklung der Transaktion bzw. eine schnelle Aussprache einer Zahlungsgarantie ist die grundlegende Voraussetzung für einen zeitnahen Versand der Ware.[381] Bei der Rechnung handelt es sich um ein Pay-Later-Verfahren, weshalb der Händler direkt nach Eingang der Bestellung die Ware verpacken und versenden kann. Die KK, PP, SÜ, GP und PD liefern dem Händler innerhalb kürzester Zeit eine Zahlungsgarantie, weshalb auch diese Verfahren den Versand nicht hinauszögern. Lediglich bei der Vorkasse muss der Käufer vor Versand tätig werden und den Betrag überweisen. Auch wenn er dies direkt im Anschluss an den Kaufvorgang durchführt, kann der Überweisungsvorgang aufgrund des Clearingverfahrens bis zu zwei Tage beanspruchen, was zu einer Verzögerung in der Abwicklung führt. Aus Kundensicht bietet die Rechnung demnach den größten Komfort. Sie erhält die maximale Punktezahl von zehn Bewertungspunkten. Die weiteren Verfahren bieten ebenfalls eine Zahlungsabwicklung innerhalb von wenigen Sekunden und erhalten jeweils neun Punkte. Die Vorkasse wird von den Experten in der Klausur mit drei Punkten bewertet.

---

[375] Die Anzahl, der mit einem * markierten Onlineshops, basiert auf einer Hochrechnung auf Grundlage von: https://de.statista.com/statistik/daten/studie/164703/umfrage/angebotene-zahlungsverfahren-von-online-haendlern/ (Aufruf: 30.01.2017).

[376] Vgl. https://www.paypal.com/de/webapps/mpp/pay-online (Aufruf: 30.01.2017).

[377] Vgl. https://www.sofort.com/ger-DE/kaeufer/su/online-zahlen-mit-sofort-ueberweisung/ (Aufruf: 30.01.2017).

[378] Vgl. https://www.paydirekt.de/haendler/index.html (Aufruf: 30.01.2017).

[379] Vgl. Anhang zehn.

[380] Abkürzungen in der Tabelle: Rechnung (RE), Vorkasse (VK), Kreditkarte (KK).

[381] Vgl. Kapitel 3.2.

Kriterium K7 – Zusatzfunktionen

Basierend den Ergebnissen der empirischen Datenerhebung in Kapitel fünf wird den jeweiligen Zusatzfunktionen ein Punktewert zugeordnet.[382] Verfügt ein Verfahren über eine der aufgeführten Zusatzfunktion, wird es mit einem „**X**" markiert und erhält den entsprechenden Punktwert. Ein Verfahren, welches alle vier Funktionen anbietet, würde somit zehn Punkte erhalten.

Funktion	Punktwert	PP	SÜ	GP	PD
Speed-Checkout	3	X			X
Altersverifikation	3		X	X	
P2P Zahlungen	2	X			
Ratenzahlung	2	X			
Gesamt	10	7	3	3	3

Tabelle 8 - Bewertung der Zusatzfunktionen.

Die Kreditkarte verfügt oftmals über Zusatzfunktionen, wie eine Auslandsversicherung oder ein Bonuspunkteprogramm. Diese Funktionen werden nach einem Beschluss in der Schätzklausur mit fünf Punkten bewertet.[383] Die Rechnung und die Vorkasse verfügen über keine Zusatzfunktionen und erhalten somit jeweils null Punkte in dieser Kategorie.

Kriterium K8 – Kosten des Verfahrens

Aus Kundensicht setzen sich die Kosten eines Verfahrens aus den **anfallenden Kosten pro Transaktion** (K8.1) und einer **Grundgebühr** (K8.2) zusammen. In der Bewertung werden keine Kosten berücksichtigt, die durch Zinsen einer Ratenzahlung entstehen können und somit durch den Käufer selbst versursacht wurden. Eine Grundgebühr wird für die behandelten Zahlungsverfahren, ausgenommen der Kreditkarte, nicht erhoben. Bei der Kreditkarte gibt es sowohl Modelle, die eine jährliche Grundgebühr erheben und andere, die ohne jährliche Gebühren auskommen. Dem Kunden steht es somit offen, ob er sich für eine kostenpflichtige Kreditkarte mit mehr Zusatzleistungen oder eine kostenfreie Karte mit weniger Zusatzleistungen entscheidet.[384] In der Schätzklausur wird die Kreditkarte deshalb mit einer neutralen Wertung von fünf Punkten bewertet. Die anderen Verfahren erheben keine Grundgebühr und erhalten folglich zehn Punkte.

---

[382] Die Berechnung der Punktewerte der Zusatzfunktionen ist in Anhang acht zu finden.

[383] Vgl. Lauer (2011), S. 92.

[384] Vgl. Nitsch (2010), S. 104.

72

Das Zielkriterium der Kosten pro Transkation (K8.1) hingegen ist quantitativ und lässt sich durch Zahlen beschreiben. Grundsätzlich erheben die Zahlungsanbieter keine Kosten für eine Buchung. Manche Onlineshops erheben jedoch für die Nutzung bestimmter Zahlungsverfahren Gebühren oder gewähren dem Kunden einen Rabatt. Die Intention der Händler besteht darin, die Kunden von einem für sie vorteilhaften Zahlungssystem zu überzeugen bzw. die anfallenden Kosten auf Händlerseite auf den Kunden umzulegen.[385] Daraus ergeben sich Kosten bzw. Einsparungen für den Kunden pro Transaktion. Zur Bewertung des Zielerreichungsgrades von K8.1 wird somit eine Statistik herangezogen welche das Verhältnis von Shops, die einen Rabatt gewähren und denen die Kosten erheben, darstellt. Zahlungsverfahren, auf welche häufiger Rabatt gewährt, als eine Gebühr erhoben wird, haben ein positives Rabatt-Gebühr-Verhältnis. Wird auf ein Zahlungsverfahren öfter eine Gebühr erhoben, als ein Rabatt gewährt ist das Verhältnis negativ. Ausgehend von der Ausprägung des Rabatt-Gebühren-Verhältnisses wird den Alternativen ein Teilnutzen zugeordnet.[386]

Verfahren	PP	SÜ	GP	PD	RE	VK	KK
Punkte	2	7	8	5	4	10	1

Tabelle 9 - Teilnutzen der Alternativen von Kriterium 8.1.[387]

Kriterium K9 – Möglichkeit zum Widerruf

Das Kriterium K9 ist qualitativ und befasst sich mit der Möglichkeit, eine Zahlung zu widerrufen. Die Rechnung verfügt dabei über das Alleinstellungsmerkmal, dass der Kunde die Ware erst bezahlen muss, nachdem er diese erhalten und geprüft hat. Für ihn besteht somit kein finanzielles Risiko im Falle der Nichtlieferung. Das Verfahren erhält zehn Punkte. Die Verfahren Vorkasse und GP räumen dem Kunden keine Möglichkeit ein, einen gezahlten Betrag zurück zu buchen. Sie werden durch die Schätzklausur mit jeweils 0 Punkten bewertet. Die übrigen elektronischen Zahlungsverfahren verfügen über einen Käuferschutz, welcher die Rückzahlung des Kaufpreises garantiert, dabei jedoch an bestimmte Bedingungen geknüpft ist. Der Käuferschutz von SÜ ist nur bei teilnehmenden Händlern anwendbar und muss vom Kunden zusätzlich aktiviert werden. Dabei wird der Zahlungsbetrag, anstatt direkt auf das Händlerkonto, zunächst auf ein Zwischenkonto überwiesen, wo es 14 Tage verweilt, bevor es dem Händler gutgeschrieben wird. Innerhalb dieses Zeitraums hat der Kunde die Möglichkeit, bei Nichtlieferung der Ware den Käuferschutz geltend zu machen. Dabei erhält der Händler

---

[385] Vgl. Seidenschwarz et. al. (2014), S.28.

[386] Die Berechnung des Teilnutzwertes ist in Anhang neun einzusehen.

[387] Abkürzungen in der Tabelle: Rechnung (RE), Vorkasse (VK), Kreditkarte (KK).

fünf Tagen Zeit die Lieferung nachzuweisen. Gelingt ihm dies innerhalb der gesetzten Frist nicht, bekommt der Kunde sein Geld zurück.[388] Bei PD muss der Käuferschutz nicht erst aktiviert werden, sondern ist bei jedem der angeschlossenen Händler garantiert. Wird die Ware innerhalb 30 Tage nach der Zahlung nicht geliefert, kann der Käuferschutz in Anspruch genommen werden. Der Händler hat dabei 10 Tage Zeit eine Versandbestätigung zu erbringen. Kann er diese innerhalb der Frist nicht vorweisen, erhält der Kunde den gezahlten Betrag zurück auf sein Girokonto transferiert.[389] Der PP-Käuferschutz erfordert ebenfalls keine zusätzliche Aktivierung und ist bei jedem Händler gültig. Er greift, wenn ein Artikel nicht geliefert wird oder, wenn dieser von der Beschreibung abweicht. Der Kunde hat 180 Tage nach der Zahlung Zeit, über PP Kontakt zum Händler aufzunehmen. Kann dabei keine Einigung erzielt werden, besteht die Möglichkeit, den Fall innerhalb einer 20-tägigen Frist zur Klärung an PP zu übergeben.[390] Bei Nichtlieferung muss der Händler innerhalb von sieben bis zehn Tagen eine Versandbestätigung bei PP einreichen.[391] Tut er dies nicht, erhält der Käufer sein Geld zurück. Nimmt der Käufer den Schutz jedoch aufgrund einer abweichenden Artikelbeschreibung in Anspruch, muss der gelieferte Artikel erheblich von der Beschreibung abweichen. Zudem muss der Käufer Nachweise einreichen, aus denen die Abweichung hervorgeht. PP behält sich das Recht vor, in jedem Fall individuell zu entscheiden, ob eine ausreichende Abweichung vorliegt und der Käuferschutz greift oder ob die Abweichung zu gering ist und der Kunde kein Geld erstattet bekommt.[392,393] Den höchsten Käuferschutz bietet PP, da dieser dem Kunden lange Fristen für eine Reaktion auf eine Nichtlieferung gewährt und diesem zudem vor dem Risiko einer abweichenden Artikelbeschreibung schützt. Der größte Kritikpunkt besteht in den nicht transparenten Bedingungen, in welchen Fällen eine ausreichende Abweichung vorliegt, sodass der Käuferschutz in Anspruch genommen werden kann. Dennoch wird er Käuferschutz von PP mit acht Punkten bewertet. Der Käuferschutz von PD greift nur bei Nichtlieferung und kann innerhalb eines kürzeren Zeitraums als bei PP in Anspruch genommen werden, weshalb der der Dienst einen Teilnutzwert von sechs

---

[388] Vgl. https://www.sofort.com/ger-DE/kaeufer/su/sofort-ueberweisung-kaeuferschutz/ (Aufruf: 30.01.2017).

[389] Vgl. https://www.paydirekt.de/kaeufer/hilfe.html (Aufruf: 30.01.2017).

[390] Vgl. https://www.paypal.com/de/webapps/mpp/ua/buyerprotection-full (Aufruf: 30.01.2017).

[391] Vgl. https://www.paypal.com/de/webapps/mpp/ua/sellerprotection-full?locale.x=de_DE (Aufruf: 30.01.2017).

[392] Vgl. https://www.paypal.com/de/webapps/mpp/ua/buyerprotection-full (Aufruf: 30.01.2017).

[393] PayPal führt in der Käuferschutzrichtlinie Beispiele auf in welchen Fällen der Käuferschutz in Anspruch genommen werden kann. Der Schutz greift, wenn anstatt einer versprochenen Neuware eine Gebrauchtware geliefert wird. Der Schutz greift nicht, wenn die Farbe des Artikels leicht von der Beschreibung abweicht.

Punkten erhält. Der Käuferschutz der SÜ wird mit drei Punkten bewertet. Der Punkteabzug liegt in der kurzen Reklamationsfrist von 14 Tagen, der Notwendigkeit den Schutz eigenhändig zu aktivieren sowie der Beschränkung auf wenige Onlineshops begründet. Die Kreditkarte verfügt zwar über keinen Käuferschutz, doch können widerrechtliche Abbuchungen von dieser im Nachgang rückgängig gemacht werden. Dies schließt eine Nichtlieferung der Ware mit ein. Dem Käufer werden sechs bis acht Wochen Rückbuchungsfrist gewährt, in denen er Kontakt mit seiner Bank aufnehmen und einen Widerspruch in der Abrechnung einreichen kann. Zum Nachweis müssen dem Antrag Kaufbelge beigefügt werden. Der Prozess ist mit einem hohen Aufwand verbunden und kann sich über einen längeren Zeitraum ausdehnen. Positiv hingegen sind die langen Rückbuchungsfristen von sechs bis acht Wochen.[394] Die Möglichkeit, eine Transaktion auf einer Kreditkarte rückgängig zu machen, wurde in der Klausur mit vier Punkten bewertet.

---

[394] Vgl. Nitsch (2010), S. 104.

6.2.5 Ermittlung des Gesamtnutzwertes

Zur Berechnung des Gesamtnutzwertes werden die Ergebnisse aus der Kriterien-Gewichtung und der Ermittlung des Teilnutzwertes herangezogen. Der Teilnutzwert (W) wird mit der Gewichtung eines Kriteriums (G_K) multipliziert, woraus sich der gewichtete Teilnutzwert (GW) ergibt. Die Summe aller gewichteten Teilnutzwerte einer Entscheidungsalternative bildet deren Gesamtnutzwert (X).

K	G_K	Rechnung W	GW	Kreditkarte W	GW	Vorkasse W	GW	PayPal W	GW	SOFORT W	GW	giropay W	GW	paydirekt W	GW
	43 %		373		302		373		286		278		404		406
K1	17 %		139		100		139		122		146		170		146
K1.1	5,1 %	4	20	8	41	4	20	10	51	10	51	10	51	10	51
K1.2	11,9 %	10	119	5	59	10	119	6	71	8	95	10	119	8	95
K2	16 %	9	144	7	112	9	144	4	64	2	32	9	144	10	160
K3	10 %	9	90	9	90	9	90	10	100	10	100	9	90	10	100
	37 %		258		286		174		333		286		231		234
K4	12 %		43		84		53		108		101		101		115
K4.1	2,4 %	10	24	3	7	10	24	5	12	10	24	10	24	8	19
K4.2	9,6 %	2	19	8	77	3	29	10	96	8	77	8	77	10	96
K5	11 %		105		88		88		105		77		22		11
K5.1	5,5 %	10	55	6	33	10	55	10	55	7	38,5	2	11	0	0
K5.2	5,5 %	9	50	10	55	6	33	9	50	7	38,5	2	11	2	11
K6	11 %	10	110	9	99	3	33	9	99	9	99	9	99	9	99
K7	3 %	0	0	5	15	0	0	7	21	3	9	3	9	3	9
	20 %		158		72		100		124		109		86		125
K8	10 %		58		22		100		44		79		86		65
K8.1	7,0 %	4	28	1	7	10	70	2	14	7	49	8	56	5	35
K8.2	3,0 %	10	30	5	15	10	30	10	30	10	30	10	30	10	30
K9	10 %	10	100	5	50	0	0	8	80	3	30	0	0	6	60
	100 %	$X=$	789	$X=$	660	$X=$	647	$X=$	743	$X=$	673	$X=$	721	$X=$	765

Tabelle 10 - Berechnung des Gesamtnutzwertes.

6.2.6 Vorteilsbewertung der Alternativen

Aus der Analyse der einzelnen Zahlungsverfahren ergibt sich eine Rangfolge. Die einzelnen Verfahren weisen jeweils individuelle Stärken und Schwächen auf, die im Folgenden kurz erläutert werden. Die untenstehende Tabelle zeigt den Nutzwert nach den gruppierten Zielkriterien sowie den Gesamtnutzwert der einzelnen Alternativen. Der Gesamtsieger des Vergleichs ist die Rechnung. Das Verfahren ist sicher, bietet einen hohen Datenschutz, wird in vielen Shops akzeptiert und ermöglicht eine schnelle Lieferung der Ware. Zudem verfügt die Rechnung als einzig betrachtetes Pay-Later-Verfahren über ein Alleinstellungsmerkmal gegenüber den anderen Alternativen. Auf Rang zwei folgt PD. Hierbei ist besonders die

Positionierung im Vergleich zu PP zu beachten, das mit nur 18 Punkten weniger auf Rang drei platziert ist. PD bietet seinen Kunden eine höhere Sicherheit und einen besseren Datenschutz als der Konkurrent. PP hingegen liegt bei den Nutzungskriterien deutlich vor PD, was hauptsächlich durch die hohe Verbreitung und den angebotenen Zusatzfunktionen von PP zu erklären ist. Im Punkt der Wirtschaftlichkeit sind nur minimale Unterschiede zwischen den Verfahren zu erkennen. Auf dem vierten und dem fünften Rang folgen die beiden Direktüberweisungsverfahren GP und SÜ. GP bietet ähnlich wie PD einen hohe Sicherheits- und Datenschutzaspekt, findet unter den Händlern jedoch nur eine geringe Akzeptanz. Im Gegensatz zu den weiteren E-Payment-Verfahren verfügt GP über keinen Käuferschutz, woraus der geringe wirtschaftliche Nutzen resultiert. Die SÜ hingegen weist deutliche Mängel beim Datenschutz auf, wodurch der niedrige Nutzwert des Sicherheitsaspektes zu erklären ist. Auf der anderen Seite bietet das Verfahren eine komfortable Nutzererfahrung, was besonders in der simplen und schnellen Zahlungsabwicklung sowie der hohen Verbreitung des Direktüberweisungsverfahrens begründet liegt. Auf dem sechsten Rang folgt die Kreditkarte. Sie verfügt zwar über einen guten Nutzungsaspekt, weist dabei jedoch Mängel in den Punkten Sicherheit und Wirtschaftlichkeit auf. Den letzten Platz des Vergleichs belegt die Vorkasse. Diese bietet dem Käufer zwar hohe Sicherheit, ist für diesen jedoch unkomfortabel in der Nutzung und bietet keine Möglichkeit, transferiertes Geld zurückzurufen.

Rang	Gesamt	x	Sicherheit	x	Nutzung	x	Wirtschaftlichkeit	x
1	Rechnung	789		406		332	Rechnung	158
2		765	giropay	404	SOFORTü.	286		125
3		742	Rechnung	373	Kreditkarte	286		124
4	giropay	721	Vorkasse	373	Rechnung	258	SOFORTü.	109
5	SOFROTü.	673	Kreditkarte	302		234	Vorkasse	100
6	Kreditkarte	660		286	giropay	231	giropay	86
7	Vorkasse	647	SOFORTü.	278	Vorkasse	174	Kreditkarte	72

Tabelle 11 - Ranking der Entscheidungsalternativen.[395]

7 Schlussfolgerungen aus den Untersuchungen

7.1 Stärken und Schwächen von paydirekt

Die Ergebnisse der Nutzwertanalyse aus Tabelle 10 identifizieren die Stärken und Schwächen von PD. Die größte Schwäche des Zahlungsdienstes liegt eindeutig in der geringen Verbreitung unter den Onlineshops. Darüber hinaus bietet der Dienst mit dem Speed-

---

[395] Vgl. Tabelle 9.

Checkout nur eine Zusatzfunktion an, weshalb hier ebenfalls Optimierungspotential besteht. Gleiches gilt für den Käuferschutz des Verfahrens, welcher den Absicherungsmechanismen der Rechnung und PP unterliegt. In den Punkten der technischen Sicherheit, dem Datenschutz, der einfachen Anwendung, der Schnelligkeit der Abwicklung sowie der Nachvollziehbarkeit der Transaktionen erzielt PD jeweils einen Höchstwert. Hier ist kein Optimierungspotential auszumachen. Die Kosten die für eine Transaktion mit PD entstehen, werden von den Händlern erhoben, worauf der Zahlungsdienst lediglich indirekt durch eine günstige Gestaltung der Händlerkonditionen Einfluss nehmen kann.[396]

7.2 Handlungsempfehlung zur Etablierung des Dienstes

Ein Geschäftsmodell ist immer dann erfolgreich, wenn es dem Kunden einen erhöhten Kundennutzen gegenüber den konkurrierenden Modellen am Markt bietet. Um einen erhöhten Kundenutzen zu schaffen, gilt es die vorhandenen Stärken eines Verfahrens zu fördern und die Schwächen auszubessern.[397] Die Nutzwertanalyse hat ergeben, dass PD ein konkurrenzfähiges Zahlungsverfahren ist, dessen größte Schwäche in seiner geringen Verbreitung liegt. Die Ausweitung des Händlerportfolios gestaltet sich jedoch aufgrund des vorliegenden Netzwerkeffektes komplex und aufwendig.[398] Ist eine kritische Anzahl an Nutzern erreicht, lässt sich jedoch eine positive Rückkopplung aus dem Effekt ziehen, wodurch die Nutzeranzahl weiter ansteigen kann. Im Folgenden werden verschiedene Möglichkeiten aufgezeigt, wie der Dienst diese kritische Masse erzielen kann. Eine besteht in dem technologischen Vorsprung gegenüber anderen Verfahren. PD hat zwar einen hohen Sicherheits- und Datenschutzaspekt, liegt jedoch in den anderen Kategorien teilweise hinter der Konkurrenz zurück. Diese Schwächen gilt es auszubessern und dadurch den Käufern einen höheren Gesamtnutzen zu bieten.

Ausbau der Zusatzfunktionen

Einer der Schwachpunkt von PD liegt in dem Kriterium der Zusatzfunktionen. Auch wenn diesem derzeit noch eine relativ geringe Bedeutung beigemessen wird und andere Kriterien eine deutlich höhere Relevanz erzielen, erkennen viele Experten hohes Potential in neuen Technologien und den daraus resultierenden Funktionen.[399] Besonders erfahrene Nutzer legen

---

[396] Die Beweggründe der Händler, Gebühren für die Nutzung bestimmter Zahlungsverfahrens zu erheben, sind komplex und werden in dieser Arbeit nicht weiter behandelt.

[397] Vgl. Kapitel 2.2.

[398] Vgl. Kapitel 4.2.

[399] Vgl. Alt/Puschmann (2016), S. 134ff.

dabei verstärkt Wert auf Zusatzfunktionen. PD hat aktuell mit dem Speed-Checkout lediglich eine zusätzliche Funktion implementiert. Diese bietet jedoch allen Nutzergruppen einen hohen Mehrwert und stellt somit eine zweckdienliche Erweiterung der Bezahlfunktion dar. Zur Erhöhung des Kundennutzens, ist es jedoch empfehlenswert weitere zusätzliche Funktionen zu implementieren. So verhilft die Altersverifikation im Internet einem Zahlungsverfahren ebenfalls zu einem erhöhten Kundennutzen.[400] Neben der Bezahlung im E-Commerce, bietet besonders die Einbindung weiterer Transaktionspartner enormes Erfolgspotential bei der Nutzergewinnung. Dies kann durch die Implementierung von P2P-Zahlungen und mPoS-Zahlung realisiert werden. Da es sich bei beiden Funktionen um Zahlungssysteme handelt, unterliegen auch diese dem Netzwerkeffekt. Die Märkte dieser Technologien sind in Deutschland aktuell noch sehr stark fragmentiert, sodass sich noch kein einheitliches Verfahren durchsetzen konnte.[401] Viele deutsche geben dies als Grund an, warum sie derzeit noch keines der am Markt vorhandenen Verfahren nutzen.[402] PD befindet sich dabei, aufgrund der nahezu kompletten Marktabdeckung unter den deutschen Banken, in einer vielversprechenden Ausgangsposition, um das Problem der Fragmentierung zu lösen. Die Institute verwalten zusammen Onlinekonten von etwa 38 Mio. Kunden, wodurch der Dienst über eine große potentielle Nutzerbasis verfügt.[403] Neue Wettbewerber müssen sich eine solche potentielle Basis bei Markteintritt zuerst erarbeiten, was aktuell noch keinem Anbieter gelingen konnte. Zudem bringen die Kunden ihren Banken beim den Themen Sicherheit und Datenschutz mehr Vertrauen entgegen als dritten Finanzdienstleistern wie PP. Dies bestärkt die Banken darin, die Sicherheitsbedenken ihrer Kunden gegenüber den neuen Technologien zu nehmen. Gelingt es PD diese Funktionen in ihrem Onlinebezahlverfahren zu vereinen, bietet dies dem Kunden einen deutlichen Mehrwert und differenziert PD somit unverkennbar von seinen Mitbewerbern, was den Gesamtnutzen des Verfahrens erhöht.[404]

Die Zusatzfunktion der Ratenzahlung bietet im Vergleich zu den anderen Funktionen einen relativ geringen Mehrwert für die Käufer, weshalb den anderen Zusatzfunktionen höhere

---

[400] Vgl. Kapitel 4.4.

[401] Vgl. http://smartmobilefactory.com/wp-content/uploads/Smart-Mobile-Factory-GmbH-Mobile-Payment-Studie-Ergebnisse2.pdf (Aufruf: 29.01.2017).

[402] Vgl. Stahl (2014), S. 32.

[403] Vgl. Wißmann (2017), S. 18.

[404] Die Schlussfolgerung ergibt sich aus dem Ergebnis der Onlineumfrage, welches besagt, dass die Nutzer nur einen Dienstleister für ihre Finanzgeschäfte gegenüber mehreren bevorzugen. (Vgl. Anhang drei).

Priorität beizumessen ist.[405] Auch die Internationalisierung des Händlerportfolios bietet derzeit nur geringen Mehrwert. Die Nutzerbasis beschränkt sich auf deutsche Bankkunden. Diese kaufen hauptsächlich bei nationalen Onlinehändlern, weshalb sich zunächst auf die Anbindung dieser fokussiert werden sollte.[406]

Käuferschutz ausweiten

PD garantiert seinen Käufern zwar einen wirksamen Käuferschutz vor Nichtlieferung der Ware, jedoch deckt dieser nicht sämtliche Risiken im Onlinehandel auf Kundenseite ab. PP schützt den Käufer zusätzlich vor dem Risiko, dass ein gelieferter Artikel von der versprochenen Beschreibung abweicht. Die Bedingungen, in welchen Fällen dieser Schutz greift und in welchen nicht, sind jedoch undurchsichtig und liefern keine genaue Definition. Zudem behält es sich PP vor im Einzelfall zu entscheiden ob das Geld erstattet wird.[407] Eine mögliche Ausweitung des Kundenschutzes von PD auf abweichende Artikelbeschreibungen, bietet dem Kunden eine zusätzliche Absicherung und würde das Image des Dienstes als sicheres Zahlungsverfahren zunehmend unterstreichen. Um sich dabei von PP abzugrenzen und einen Mehrwert gegenüber dem Verfahren zu schaffen, ist es zu empfehlen die Bedingungen eindeutig zu definieren und transparent offenzulegen.

---

[405] Vgl. Kapitel 4.4.

[406] Vgl. Stahl (2015), S. 35.

[407] Vgl. Kapitel 6.3.4.

Kooperationen und strategische Allianz

Neben der technologischen Überlegenheit eines Produktes, bietet die Kooperationen mit starken Partnern eine Möglichkeit, die kritische Masse bei Netzwerkeffekten zu erreichen. Dabei ergeben sich zwei Kooperationsmodelle. Zum einen lassen sich große etablierte Händler durch eine attraktive Preisgestaltung gewinnen, was wiederum den Nutzen des Verfahrens auf Kundenseite stärkt. Eine weitere Option ist die strategische Allianz mit anderen Zahlungssystemen.[408] Im Falle PD scheint eine Kooperation mit dem Direktüberweisungsverfahren GP wahrscheinlich. Das Verfahren entstammt wie PD aus einem Zusammenschluss deutscher Banken und ist ein Zusatzdienst des Onlinegirokontos. Die Zielgruppe beider Verfahren ist somit auf den deutschen Bankkunden ausgelegt.[409] Darüber hinaus bietet GP ebenfalls einen sehr hohen Sicherheits- und Datenschutzaspekt, weshalb die ideellen Leitbilder der Dienste ebenfalls harmonieren. PD könnte bei einem Zusammenschluss der Dienste von der höheren Verbreitung von GP profitieren und die eigene Verbreitung dabei über das 10-fache steigern. Darüber hinaus ergänzen die Funktionen von GP und PD. Während GP über eine Altersverifikation verfügt, ist in PD die Funktion des Speed-Checkouts sowie ein Käuferschutz implementiert. Eine Fusion von GP und PD zu einem einheitlichen System ist zwar mit einem hohen Aufwand verbunden, doch würde dies zu einer Bündelung der individuellen Mehrwerte beider Verfahren führen. Daraus resultiert ein erhöhter Kundennutzen, weshalb eine positive Rückkopplung des Netzwerkeffektes zu erwarten ist.[410]

Zielgruppenspezifische Werbemaßnahmen

Neben den Strategien, die auf eine Verbesserung des Dienstes selbst abzielen, sind ergänzend zielgruppenspezifische Werbemaßnahmen zu treffen. Die unterschiedlichen Kundengruppen werden dabei auf ihre individuellen Bedürfnisse angesprochen, wodurch die Werbemaßnahmen von einer erhöhten Ökonomie und besseren Effizienz gegenüber einer Ansprache des anonymen Massenmarktes gekennzeichnet sind.[411] Die Segmentierung der Zielgruppen sowie die Analyse ihrer individuellen Bedürfnisse erfolgte bereits in Kapitel 5.3. Die Auswertung der Onlineumfrage hat ergeben, dass die verschiedenen Zielgruppen durch unterschiedliche Reize anzusprechen sind. Die Gruppe der unerfahrenen Käufer und der

---

[408] Vgl. Haes (2013), S. 35.

[409] Vgl. Kapitel 3.3.

[410] Vgl. Kapitel 6.3.4.

[411] Vgl. Brecheis/Sieger (2015), S. 185.

Nutzer klassischer Zahlungsverfahren erkennen einen großen Vorteil im Sicherheits- und Datenschutzaspekt von PD. Darüber hinaus sind sie ihrem gewählten Zahlungssystem treu und lassen sich weniger durch monetäre Anreize von der Nutzung eines bestimmten Verfahrens überzeugen. Für die beiden Zielgruppen überwiegt der funktionale Aspekt eines Verfahrens. Käufer und Nutzer elektronischer Zahlungsverfahren hingegen sehen einen geringeren Vorteil im Sicherheits- und Datenschutzaspekt, weisen dafür eine erhöhte Wechselbereitschaft zu einem anderen Zahlungssystem auf. Sie sind eher mit Rabattaktionen oder Bonuszahlungen von der Nutzung zu überzeugen.[412] Es empfiehlt sich die Werbestrategien speziell auf die jeweiligen Zielgruppen nach deren Präferenzen auszurichten.[413]

7.3 Disruptives Potential von E-Payment-Verfahren

In diesem Kapitel werden die E-Payment-Verfahren auf disruptives Potential gegenüber klassischen Verfahren untersucht. Wie in Kapitel 2.2.3. beschrieben, beinhalten disruptive Geschäftsmodelle neuartige Produkte, Technologien oder Prozesse. Sie grenzen sich in einem derart hohen Grad von der Konkurrenz am Markt ab, dass deren Leistungsfähigkeit nach anderen Maßstäben zu bewerten sind.[414] In der durchgeführten Nutzwertanalyse erfolgte die Bewertung klassischer und elektronischer Verfahren zwar nach einheitlichen Zielkriterien, doch zeigt das Ergebnis deutlich, dass diese nicht gleichermaßen für beide Verfahrensarten relevant sind. Elektronische Zahlungsverfahren haben z. B. die Fehleranfälligkeit von Transaktionen auf ein Minimum reduziert, sodass dieses Kriterium für deren Bewertung obsolet ist. Klassische Zahlungsverfahren hingegen sind aufgrund der manuellen Übertragung von Zahlungsinformation weiterhin fehleranfällig. Für diese ist eine Bewertung nach dem Zielkriterium der Fehleranfälligkeit weiterhin angebracht. Darüber hinaus lassen sich die elektronischen Verfahren nach dem Kriterium der Zusatzfunktionen bewerten. Die klassischen Verfahren der Rechnung und der Vorkasse verfügen über keine Möglichkeit solche Funktionen zu implementieren und können demnach auch nicht nach diesen bewertet werden. Kreditkarten bieten zwar häufig zusätzliche Services an, doch handelt es sich bei diesen nicht um Funktionen, die den primären Transaktionsprozess unterstützen, sondern um Extras, welche vom eigentlichen Zahlungsprozess gekoppelt sind. Beispiele dafür sind Versicherungen oder Bonusprogramme. Die Zusatzfunktionen der elektronischen Zahlungsverfahren lassen sich somit nach deren Mehrwert für den Transaktionsprozess

---

[412] Vgl. Kapitel 5.3.

[413] Vgl. Brecheis/Sieger (2015), S. 185.

[414] Vgl. Danneels et al. (2011), S. 121ff.

bewerten, wohingegen für die Bewertung der Extras einer Kreditkarte andere Maßstäbe heranzuziehen sind. E-Payment-Verfahren definieren demnach die Maßstäbe nach denen Zahlungsmittel zu bewerten sind neu, weshalb sie disruptives Potential gegenüber den klassischen Verfahren aufweisen. Hierbei ist jedoch zu beachten, dass dies nicht für sämtliche klassische Verfahren im gleichen Maße gilt. Die Rechnung ist das einzige Pay-Later-Verfahren unter den betrachteten Alternativen und verfügt dadurch über ein Alleinstellungsmerkmal gegenüber der Konkurrenz. Der Kunde muss die Ware erst nach Lieferung zahlen, was diesem ein derartig hohes Maß an Sicherheit bietet, welches derzeit keines der E-Payment-Verfahren zusichern kann. Diese verfügen zwar über einen Käuferschutz, welcher jedoch noch ausbaufähig ist und nicht sämtliche Risiken im Onlinehandel abdeckt. Aufgrund dieses Vorteils ist das Verfahren der Rechnung nur bedingt von der einer Verdrängung durch elektronische Verfahren bedroht. Die Kreditkarte und die Vorkasse hingegen verfügen über kein solches Merkmal, welches dem Kunden einen höheren Nutzen gegenüber den elektronischen Zahlungsverfahren verschafft. Aus diesem Grund ist zu erwarten, dass die Verdrängung der Vorkasse und der Kreditkarte auf dem Markt der Internetzahlungsverfahren, welche sich in der vergangenen bereits abgezeichnet hat, auch in Zukunft weiterhin fortschreiten wird. Die Rechnung hingegen wird voraussichtlich in absehbarer Zukunft weiterhin von hoher Relevanz für den Onlinehandel sein.

8 Fazit

8.1 Kritische Würdigung

In diesem Kapitel erfolgt eine kritische Auseinandersetzung mit den angewandten Methoden der vorliegenden Arbeit.

Eine ganzheitliche Betrachtung des Themas erfordert eine Berücksichtigung der Käufer- und der Händlerperspektive. Dies ergibt sich besonders aus der Tatsache, dass die Anforderungen, welche beide Gruppen an ein Zahlungssystem stellen, teilweise in einem Zielkonflikt zueinanderstehen. Die gewonnenen Erkenntnisse und getroffenen Schlussfolgerungen in dieser Arbeit beruhen jedoch ausschließlich auf Untersuchungen aus Perspektive der Käufergruppe und sind deshalb auch nur für diese als gültig anzusehen. Darüber hinaus basiert die empirische Erhebung, welche als Grundlage für die Nutzwertanalyse dient und somit maßgeblichen Einfluss auf das Ergebnis der Arbeit hat, auf einer nicht repräsentativen Stichprobe. Über 80 % der Teilnehmer sind unter 30 Jahre alt, was zur Folge hat, dass die Zielgruppe der älteren Onlineshopper kaum Beachtung findet. Die Umfrageergebnisse lassen demnach nicht auf die Gesamtheit der deutschen Bevölkerung übertragen. Weiterhin ist die Objektivität der Ergebnisse aus der Nutzwertanalyse, trotz der Bemühungen zur Objektivierung der Entscheidungsfindung, zu hinterfragen. So hat der Moderator der Schätzklausur, welcher die einzelnen Bewertungsgegenstände präsentiert und die besonderen Aspekte der Alternativen dabei hervorhebt, erheblichen Einfluss auf die Entscheidung der Teilnehmer. Um eine höhere Objektivität der Ergebnisse zu gewährleisten ist es zu empfehlen die Nutzwertanalyse unabhängig von der Ersten zu wiederholen und die Ergebnisse abzugleichen.

8.2 Resümee und Ausblick

Die Digitalisierung der Finanzindustrie ist ein unaufhaltsamer Prozess, welcher die Geschäftsmodelle in der Branche spürbar verändert und die Banken dadurch zum Handeln zwingt. Um ihre dominante Wettbewerbsposition gegen die neuen Finanzdienstleister wie PayPal zu verteidigen, müssen die Banken ihr eigenes Geschäftsmodell dauerhaft an die neuen Technologien und Veränderungen am Markt anpassen. So verlieren diese, durch die Verdrängung der klassischen Zahlungsverfahren der Vorkasse und der Kreditkarte aus dem Onlinehandel durch E-Payment-Verfahren, vermehrt Marktanteile am Zahlungsverkehr an die neuen Wettbewerber. Besonders die Tatsache, dass es sich beim E-Commerce um eine wachsende Branche handelt, dessen vollständiges Potential bei weitem noch nicht ausgeschöpft ist, erforderte eine dringliche Reaktion der Banken. Der Zusammenschluss dieser zu einem einheitlichen Online-Bezahlverfahren ist somit als eine angemessene Reaktion auf die Entwicklungen des Zahlungsmarktes zu betrachten. Sie schufen mit paydirekt ein konkurrenzfähiges Zahlungsverfahren, welches über das Potential verfügt sich auf dem Markt der Onlinezahlungsmittel zu etablieren. Die Stärken des Dienstes liegen in einem hohen Sicherheits- und Datenschutzaspekt. Für die Käufer gehört dies zu den wichtigsten Kriterien, weshalb der Dienst hierbei hohen Zuspruch findet. Die größte Schwachstelle hingegen ist die weiterhin geringe Verbreitung und Akzeptanz unter den Onlineshops. Um mit dem Dienst jedoch auf lange Sicht wirtschaftlichen Erfolg zu erzielen, sind die Ausweitweitung des Händlerportfolios und eine zunehmende Kundengewinnung zwingend erforderlich. Aufgrund des Netzwerkeffektes gestalten sich dies jedoch als komplizierter und langwieriger Prozess. Dies liegt zu einen auch darin begründet, dass die Käufer eine gewisse Treue zu ihrem favorisierten Zahlungsverfahren aufweisen und ihnen der ausschlaggebende Anreiz fehlt von diesem zu paydirekt zu wechseln. Um den Anreiz zu stärken, gilt es den Kundenutzen, welcher von diesen ausgeht, zu erhöhen und die Käufer dadurch von einem Wechsel zu überzeugen. Ein erhöhter Kundenutzen kann durch eine Intensivierung des Käuferschutzes und die Implementierung weiterer Zusatzfunktionen erzielt werden. Besonders die Zusatzfunktionen der Verfahren werden dabei in Zukunft an Bedeutung gewinnen und den Kundenutzen dieser maßgebend beeinflussen. Die Banken sind angehalten, den Zahlungsverkehr nicht weiter als eine eigenständige Funktion, sondern als Bestandteil einer immer komplexer werdenden Wertschöpfungskette zu betrachten. Dabei sind besonders die neuen Technologien und Geschäftsmodelle, welche sich auf dem dynamischen Zahlungsmarkt abzeichnen, zu überwachen und deren Potential zu bewerten. Das Ziel dabei sollte es sein, das eigene Geschäftsmodellen bereits an den neuen Technologien auszurichten und nicht abzuwarten, bis ein anderer Wettbewerber sich diese Technologie zu nutzen macht, um anschließend auf dessen Geschäftsmodell zu reagieren. Insbesondere die Technologien der P2P-Zahlungen und des Mobile-Payments im stationären Geschäft bieten hohes zukünftiges Potential, welches es zu nutzen gilt, um die eigene Marktposition gegen die neuen Wettbewerber zu behaupten.

Literaturverzeichnis

Ahrend, Klaus-Michael:
Geschäftsmodell Nachhaltigkeit: Ökologische und soziale Innovationen als unternehmerische Chance. Berlin: Springer-Verlag, 2016.

Alpar, Paul; Alt, Rainer; Bensberg, Frank; Grob, Heinz Lothar; Weimann, Peter; Winter, Robert:
Anwendungsorientierte Wirtschaftsinformatik: Strategische Planung, Entwicklung und Nutzung von Informationssystemen. 7. Aufl. Berlin: Springer-Verlag, 2014.

Alt, Rainer; Puschmann, Thomas:
Digitalisierung der Finanzindustrie: Grundlagen der Fintech-Evolution. Berlin: Springer-Verlag, 2016.

Amberg, Michael; Bodendorf, Freimut; Möslein, Kathrin M.:
Wertschöpfungsorientierte Wirtschaftsinformatik. 2011. Aufl. Berlin: Springer-Verlag, 2011.

Bain & Company:
Retail-Banking: Die digitale Herausforderung. München: Kastner, 2012.

Branz, Petra:
Effizienz und Effektivität von Marketingkooperationen. 1. Aufl. Norderstedt: BoD – Books on Demand, 2009.

Breitschaft, Markus; Stahl, Ernst; Wittmann, Georg:
E-Commerce-Leitfaden: noch erfolgreicher im elektronischen Handel. 3. Auflage. Regensburg: IBI Research, 2012.

V

Breitschaft, Markus; Stahl, Ernst; Wittmann, Georgs:
E-Commerce-Leitfaden: noch erfolgreicher im elektronischen Handel. 3. Auflage. Regensburg: IBI Research, 2013.

Britzelmaier, Bernd; Geberl, Stephan:
Wandel im Finanzdienstleistungssektor: 1. Liechtensteinisches Finanzdienstleistungs-Symposium an der Fachhochschule Liechtenstein. Berlin: Springer-Verlag, 2013.

Bühl, Achim:
Die virtuelle Gesellschaft des 21. Jahrhunderts: Sozialer Wandel im digitalen Zeitalter. Berlin: Springer-Verlag, 2013.

Burghardt, Manfred:
Projektmanagement: Leitfaden für die Planung, Überwachung und Steuerung von Projekten. New York: John Wiley & Sons, 2012.

Burmester, Ralf; Vahs, Dietmar:
Innovationsmanagement: von der Produktidee zur erfolgreichen Vermarktung. 3. Aufl. Stuttgart: Schäffer-Poeschel, 2005.

Canaris, Claus-Wilhelm: Bankvertragsrecht. 4. Reprint 2011. Berlin: Walter de Gruyter, 2005.

Chenou, Jean-Marie; Radu, Roxana; Weber, Rolf H.:
The Evolution of Global Internet Governance : Principles and Policies in the Making. 1. Aufl. Berlin Heidelberg: Springer Science & Business Media, 2014.

Christensen, Clayton M.:
Disruptive Technologies: Catching the Wave.: Harvard Business School Pub., 2006.

Clement, Reiner; Schreiber, Dirk:
Internet-Ökonomie: Grundlagen und Fallbeispiele der vernetzten Wirtschaft. Heidelberg: Physica-Verlag HD, 2010.

Danneels, Erwin; Govindarajan, Vijay:
The Effects of Mainstream and Emerging Customer Orientations on Radical and Disruptive Innovations, in: Journal of Product Innovation Management, Jg. 28, 2011.

Dannenberg, Marius:
E-Payment und E-Billing: Elektronische Bezahlsysteme für Mobilfunk und Internet. Berlin: Springer-Verlag, 2013.

Dewner, Thomas M.; Gramlich, Ludwig; Krumnow, Jürgen; Lange, Thomas A.:
Gabler Bank-Lexikon: Bank - Börse - Finanzierung. 14. Aufl. Wiesbaden: Gabler Verlag, 2012.

Dombret, Bastian:
Zahlungssysteme im Internet: Marktüberblick und Perspektiven. 1. Aufl. Norderstedt: BoD – Books on Demand, 2011.

eBusiness-Lotes Köln:
Cross-Channel-Praxis. Köln: IFH Institut für Handelsforschung, 2015.

eBusiness-Lotes Köln:
Erfolgsfaktoren im E-Commerce. Köln: IFH Institut für Handelsforschung, 2013.

Eckardt, Dietrich:
Was ist Geld? Strukturen, Möglichkeiten und Grenzen des Treibstoffs moderner Kreditgeldwirtschaften. 1. Aufl. Berlin: Springer-Verlag, 2012.

EHI Retail Institut:
E-Commerce-Markt Deutschland 2016. Köln: EHI, 2016.

Ehrhardt, Marcus: Netzwerkeffekte, Standardisierung und Wettbewerbsstrategie. Heidelberg: Springer-Verlag, 2013.

Ehrlicher, Werner; Esenwein-Rothe, Ingeborg; Jürgensen, Harald: Kompendium der Volkswirtschaftslehre. 5. Aufl. Göttingen: Vandenhoeck & Ruprecht, 1975.

Engel, Bernd; Herber, Hans: Volkswirtschaftslehre für Studium und Bankpraxis. Heidelberg: Springer-Verlag, 2013.

Faßbender, Dominik: P2P-Kreditmärkte als Finanzintermediäre. München: GRIN Verlag, 2012.

Felkai, Felkai; Beiderwieden, Beiderwieden: Projektmanagement für technische Projekte: Ein prozessorientierter Leitfaden für die Praxis. 3. Aufl. Berlin: Springer-Verlag, 2015.

Fiedler, Rudolf: Controlling von Projekten: Mit konkreten Beispielen aus der Unternehmenspraxis - Alle Aspekte der Projektplanung, Projektsteuerung und Projektkontrolle. 6. Aufl. Heidelberg: Springer-Verlag, 2013.

Fost, Markus: E-Commerce-Strategien für produzierende Unternehmen: Mit stationären Handelsstrukturen am Wachstum partizipieren. 1. Aufl. Berlin: Springer-Verlag, 2014.

Frankfurt School Verlag: Digital Payments - Revolution im Zahlungsverkehr. Frankfurt: Frankfurt School Verlag, 2016.

Fritz, Wolfgang: Internet-Marketing und Electronic Commerce: Grundlagen - Rahmenbedingungen - Instrumente. Berlin: Springer-Verlag, 2013.

Gehrke, Nick:

Peer-to-Peer-Applikationen für elektronische Märkte: Perspektiven für eine hochgradig dezentralisierte digitale Wirtschaft. Berlin: Springer-Verlag, 2013.

Gerpott, Torsten J.:

Strategisches Technologie- und Innovationsmanagement. 2. Aufl. Stuttgart: Schäffer-Poeschel, 2005.

Gerybadze, Alexander:

Technologie- und Innovationsmanagement: Strategie, Organisation und Implementierung. 1. Aufl. München: Vahlen, 2004.

Günther, Markus; Köck, Anna M.; Stummer, Christian:

Grundzüge des Innovations- und Technologiemanagements. 3. Aufl. Wien: facultas.wuv / maudrich, 2010.

Haes, Joachim:

Netzwerkeffekte im Medien- und Kommunikationsmanagement: Vom Nutzen sozialer Netze. Heidelberg: Springer-Verlag, 2013.

Hartel, Dirk H.:

Consulting und Projektmanagement in Industrieunternehmen: Praxisleitfaden mit Fallstudien. München: Oldenburg Verlag, 2009.

Hartmann, Monika:

Elektronisches Geld und Geldpolitik: Eine Analyse der Wechselwirkungen. Heidelberg: Springer-Verlag, 2013.

Heep, Bernhard:

Effizientes Routing in strukturierten P2P Overlays. Karlsruhe: KIT Scientific Publishing, 2012.

Henkel, Joachim; Nonnenmacher, Martin; Teichmann, René:

E-Commerce und E-Payment: Rahmenbedingungen, Infrastruktur, Perspektiven. Berlin: Springer-Verlag, 2013.

Herber, Hans; Engel, Bernd:

Volkswirtschaftslehre für Bankkaufleute. Heidelberg: Springer-Verlag, 2013.

Hinner, Kajetan:

Online-Umfragen: Einführung in Technik, Gestaltung und Auswertung von WWW-Umfragen. Norderstedt: Books on Demand, 2015.

Hoffmann, Frank; Huellermeier, Emil.:

Proceedings. 22. Workshop Computational Intelligence, Dortmund, 6. - 7. Dezember 2012. Karlsruhe: KIT Scientific Publishing, 2014.

Hoffmeister, Wolfgang:

Investitionsrechnung und Nutzwertanalyse: eine entscheidungsorientierte Darstellung mit vielen Beispielen und Übungen. 2. überarbeitete Auflage. Berlin: BWV Verlag, 2008.

Höft, Marc:

Zahlungssysteme Im Electronic Commerce. 3. Aufl. Norderstedt: BoD – Books on Demand, 2009.

Howe, Jeff:

Crowdsourcing: Why the Power of the Crowd is Driving the Future of Business. 1. Aufl. London: Crown Business, 2010.

Initiative D21 e.V.:

D21-Digital-Index 2016. Berlin: Laserline Druckzentrum, 2016.

Keck, Markus; Hahn, Marc:

Integration der Vertriebswege: Herausforderung im dynamischen Retail Banking. 1. Aufl. Heidelber: Springer-Verlag, 2007.

Keck, Markus; Mertes, Stefan:

Banking & Innovation 2015: Ideen und Erfolgskonzepte von Experten für die Praxis. 1. Aufl. Berlin Heidelberg New York: Springer-Verlag, 2015.

Kirchhoff, Sabine:

Online-Kommunikation im Social Web: Mythen, Theorien und Praxisbeispiele. 1. Aufl. Parderborn, München: UTB, 2014.

Klotz, Maik:

Mobile Payment: Banken, Handel, Start-ups, Technologie, Markt. 1. Aufl. Frankfurt am Main: Heike Scholz Verlag, 2014.

Krause, Diana E.:

Kreativität, Innovation, Entrepreneurship. 2014. Aufl.. Heidelberg: Springer-Verlag, 2013.

Krause, Ralf H.:

Bankbetriebliche Innovationsprozesse: Erscheinungsformen und Gestaltungsansätze. Heidelberg: Springer-Verlag, 2013.

Kühnapfel, Jörg:

Nutzwertanalysen in Marketing und Vertrieb. 2014. Aufl. Heidelberg: Springer-Verlag, 2014.

Küpper, Daniel:

Die Erfolgswirkung von Effectuation im Kontext von F&E-Projekten: Eine empirische Analyse. 2010. Aufl. Berlin: Springer-Verlag, 2010.

Lammer, Thomas:

Handbuch E-Money, E-Payment and M-Payment. 1. Aufl. Heidelberg: Physica-Verlag HD, 2006.

Lampe, Frank:

Unternehmenserfolg im Internet: Ein Leitfaden für das Management kleiner und mittlerer Unternehmen. Heidelberg: Springer-Verlag, 2013.

Lauer, Thomas:

Bonusprogramme: Rabattsysteme für Kunden erfolgreich gestalten. 2. Aufl. Berlin: Springer-Verlag, 2011.

Lerner, Thomas:

Mobile Payment: Technologien, Strategien, Trends und Fallstudien. 1. Aufl. Heidelberg: Springer-Verlag, 2012.

Lippe, Gerhard; Esemann, Jörn; Taenzer, Thomas:

Das Wissen für Bankkaufleute: Das umfassende und praxisorientierte Kompendium für die Aus- und Weiterbildung. Heidelberg: Springer-Verlag, 2013.

Lix, Robert:

Moderne Applikationen von Peer-to-Peer-Technologien und dezentralen Netzen. Hamburg: diplom.de, 2010.

Meier, Andreas; Stormer, Henrik:

eBusiness & eCommerce: Management der digitalen Wertschöpfungskette. 3. Aufl. Heidelberg: Springer-Verlag, 2012.

Meinhardt, Yves:

Veränderung von Geschäftsmodellen in dynamischen Industrien: Fallstudien aus der Biotech-/Pharmaindustrie und bei Business-to-Consumer-Portalen. Berlin: Springer-Verlag, 2013.

Meyer, Anton:
Dienstleistungsmarketing: Impulse für Forschung und Management. Berlin: Springer-Verlag, 2013.

Mitchell, **Donald; Coles, Carol:**
The ultimate competitive advantage of continuing business model innovation. Journal of Business Strategy, Vol. 24. 2010.

Möhring, Wiebke; Schlütz, Daniela:
Die Befragung in der Medien- und Kommunikationswissenschaft: Eine praxisorientierte Einführung. Heidelberg: Springer-Verlag, 2013.

Moormann, Jürgen; Schmidt, Günter:
IT in der Finanzbranche: Management und Methoden. 1. Aufl. Berlin Heidelberg: Springer Science & Business Media, 2006.

Niemeyer, Valentin; Thymian, Michael:
Richtlinien für eine bedarfsgerechte Zustellung von Leistungsbündeln. Arbeitspapier, Institut für Bankinformatik und Bankstrategie an der Universität Regensburg. Regensburg, 2001.

Nitsch, Karl W.:
Bankrecht für Betriebswirte und Wirtschaftsjuristen. 2. Auflage. Norderstedt: BoD – Books on Demand, 2010.

Olshausen, Ralph:
Die SEPA-Lastschrift: Erfüllung - Aufrechnung - Insolvenz. 1. Aufl. Tübingen: Mohr Siebeck, 2015.

Osterwalder, Alexander; Pigneur, Yves; Wegberg, J. T. A.:
Business Model Generation: Ein Handbuch für Visionäre, Spielveränderer und Herausforderer. 1. Aufl. Frankfurt am Main: Campus Verlag, 2011.

Porst, Rolf:
Fragebogen: Ein Arbeitsbuch. 4. Aufl. Berlin: Springer-Verlag, 2013.

Priddat, Birger P.:
Komplexer werdende Ökonomie. 2005. Aufl. Heidelberg: Springer-Verlag, 2015.

Raab, Gerhard; Unger, Alexander; Unger, Fritz:
Methoden der Marketing-Forschung: Grundlagen und Praxisbeispiele. 2. Aufl. Berlin: Springer-Verlag, 2009.

Reinders, Heinz; Ditton, Hartmut; Gräsel, Cornelia; Gniewosz, Burkhard:
Empirische Bildungsforschung: Strukturen und Methoden. 1. Aufl. Berlin: Springer-Verlag, 2011.

Sammerl, Nadine; Wirtz, Bernd W.:
Innovationsfähigkeit und nachhaltiger Wettbewerbsvorteil: Messung - Determinanten - Wirkungen. 2006. Aufl. Berlin: Springer-Verlag, 2006.

Sauer, Romi:
Bezahlsysteme im Web: Auswahl und Anpassung an Unternehmen und seine Kunden. 1. Aufl. Hamburg: Igel Verlag, 2009.

Schallmo, Daniel R.A.:
Kompendium Geschäftsmodell-Innovation: Grundlagen, aktuelle Ansätze und Fallbeispiele zur erfolgreichen Geschäftsmodell-Innovation. 1. Aufl. Berlin: Springer-Verlag, 2014.

Schmidt, Reinhard H.; Terberger, Eva:
Grundzüge der Investitions- und Finanzierungstheorie. Berlin: Springer-Verlag, 2013.

Schön, Dietmar:

Planung und Reporting: Grundlagen, Business Intelligence, Mobile BI und Big-Data-Analytics. 2. Aufl. Heidelberg: Springer-Verlag, 2015.

Schulthess, Marc:

Die Nutzung von Analogien im Innovationsprozess: Eine Untersuchung der Bedingungsfaktoren und Wirkungen. 2012. Aufl. Berlin: Springer-Verlag, 2012.

Schüngel, Martin:

Auswirkungen des Electronic Commerce auf juristische Fachverlage: Branchenanalyse und empirische Überprüfung. Berlin: Springer-Verlag, 2013.

Schwickert, Axel C.; Zapkau, Florian: „E-Payment-Systeme – Funktionsweise, Marktüberblick, Bewertung", Justus-Liebig-Universität Giessen: Arbeitspapiere Wirtschaftsinformatik: 2006.

Siegert, Gabriele; Brecheis, Dieter:

Werbung in der Medien- und Informationsgesellschaft: Eine kommunikationswissenschaftliche Einführung. Heidelberg: Springer-Verlag, 2015.

Sielaff, Jennifer:

Innovationsmanagement im Bereich der Medien. Hamburg: diplom.de, 2009.

Stahl, Ernst; Weinfurtner, Stefan; Wittmann, Georg:

Payment Barometer 2015. Regensburg: IBI Research, 2015.

Stähler, Patrick:

Geschäftsmodelle in der digitalen Ökonomie: Merkmale, Strategien und Auswirkungen. 4. Aufl. Lohmar, Köln: Amazon.de, 2008.

Stallmann, Franziska; Wegner, Ullrich:
Internationalisierung von E-Commerce-Geschäften: Bausteine, Strategien, Umsetzung. 1. Aufl. Berlin: Springer-Verlag, 2014.

Starzer, Patrick Francisco:
Die Entwicklung und Akzeptanz von E-Payment. Hamburg: diplom.de, 2010.

Stobbe, A.:
Gesamtwirtschaftliche Theorie. Berlin: Springer-Verlag, 2013.

Stoll, Dr. Joachim; Wilhelm, Sybille:
Praxisführer E-Commerce: Schritt für Schritt zum erfolgreichen Einstieg in die Online-Welt. 1. Aufl. Frankfurt am Main: dfv Mediengruppe Fachbuch, 2016.

Waupsh, John:
Bankruption. How Community Banking Can Survive Fintech. New York: John Wiley & Sons, 2016.

Weitert, Christian:
Wettbewerbsimplikationen technologischen Wandels: Eine simulationsbasierte Untersuchung der Anpassungsfähigkeit von Unternehmen. 2014. Aufl. Berlin: Springer-Verlag, 2014.

Weßel, Dr. Christa:
Elche fangen: Beobachtungen, Interviews und Fragebögen im Consulting. 1. Aufl. Hamburg: epubli, 2015.

Westermann, Prof. Dr. Georg:
Kosten-Nutzen-Analyse: Einführung und Fallstudien. Berlin: Schmidt, Erich, 2012.

Wirtz, Bernd W.:

Business Model Management: Design - Instrumente - Erfolgsfaktoren von Geschäftsmodellen. 2010. Aufl. Wiesbaden: Gabler Verlag, 2010.

Wißmann, Helmut:

800.000 Kunden, Internationalisierung & neue Features. Frankfurt: IT-Finanzmagazin, 2017.

Wittpahl, Volker:

Digitalisierung: Bildung, Technik, Innovation. Wiesbaden: Springer Berlin Heidelberg, 2016.

Zangemeister, Christof:

Nutzwertanalyse in der Systemtechnik – Eine Methodik zur multidimensionalen Bewertung und Auswahl von Projektalternativen. 4. Aufl., München: 1976.

Internetquellen:

Bayern Card-Services GmbH – S-Finanzgruppe: „Sicherheit",
https://www.sparkassen-kreditkarten.de/sicherheit (abgerufen am 31.01.2017).

Bundesverband E-Commerce und Versandhandelt Deutschland e.V.: „Interaktiver
Handel in Deutschland B2C",
https://www.bevh.org/markt-statistik/zahlen-fakten/ (abgerufen am 25.01.2017).

Deutsche Bundesbank: „Die SEPA-Lastschrift",
*https://www.bundesbank.de/Redaktion/DE/Standardartikel/Aufgaben/Unbarer_*
Zahlungsverkehr /die_sepa_lastschrift.html (abgerufen am 19.01.2017).

Deutsche Post DHL Group: „Service Nachnahme",
https://www.dhl.de/de/privatkunden/information/service-nachnahme.html (abgerufen am
20.01.2017)

Deutsche Post DHL Group: „Postident",
https://www.deutschepost.de/de/p/postident.html (abgerufen am 04.02.2017).

Duden: „Innovation",
http://www.duden.de/rechtschreibung/Innovation (abgerufen am 25.01.2017).

European Payments Council: „What are Instant Payments",
http://www.europeanpaymentscouncil.eu/index.cfm/sepa-instant-payments/what-are-
instant-payments/ (abgerufen am 15.01.2017).

Finanz Informatik: „Unternehmen",
https://www.f-i.de/Unternehmen (abgerufen am 29.01.2017).

Fink, Chris: „Geldtransfer in Sekunden",
https://www.it-finanzmagazin.de/geldtransfer-in-sekunden-die-payment-revolution-
kommt-mit-sepa-instant-payment-14394/ (abgerufen am 15.01.2017).

giropay GmbH: „Online Überweisen",

https://www.giropay.de/kaeufer/online-ueberweisen/ (abgerufen am 03.01.2017).

giropay GmbH: „Über Uns"
Vgl. https://www.giropay.de/ueber-uns/ (abgerufen am 14.01.2017).

Handelsverband Deutschland: „E-Commerce-Umsätze",
http://www.einzelhandel.de/index.php/presse/zahlenfaktengrafiken/item/110185-e-commerce-umsaetze (abgerufen am 25.01.2017).

IBI Research: „Instant Payments: eine neue Revolution im Zahlungsverkehr?",
http://www.ibi.de/files/Studie_Instant-Payments_eine-neue-Revolution-im-Zahlungsverkehr.pdf (abgerufen am 15.01.2017).

IT Finanzmagazin: „Joachim Schmalzl verantwortet die Strategie für die Bereiche Payment und Digitalisierung",
https://www.it-finanzmagazin.de/dsgv-joachim-schmalzl-verantwortet-die-strategie-fuer-die-bereiche-payment-und-digitalisierung-27457 (abgerufen am 13.01.2017).

IT-Finanzmagazin: „Strategie Interview: Dr. Niklas Bartelt",
https://www.it-finanzmagazin.de/paydirekt-unser-potential-sind-50-millionen-deutsche-online-banking-konten-21630/ (abgerufen am 25.01.2017)

Kalenda, Florian: „Amazon: Unsere Kunden wollen nicht mit PayPal zahlen",
http://www.zdnet.de/88258229/amazon-unsere-kunden-wollen-nicht-mit-paypal-zahlen/ (abgerufen am 25.01.2017).

Kerkmann, Christof: „Daten für alle",
http://www.handelsblatt.com/finanzen/steuern-recht/recht/paypal-aendert-seine-agb-daten-fuer-alle/11727840.html (abgerufen am 04.02.2017).

Kranig, Thomas: „Kreditkarten und Datenschutz: Wie sicher sind meine Daten?", *http://blog.check24.de/kreditkarte/datenschutz-kreditkartenzahlung-26226/* (abgerufen am 25.01.2017).

Mastercard Incorporated: „Mastercard Securecode", *https://www.mastercard.de/de-de/privatkunden/produkte-features/features/securecode.html* (abgerufen am 31.01.2017).

Motte, Laura: „Ein unzumutbares Bezahlsystem", *http://www.handelsblatt.com/finanzen/steuern-recht/recht/urteil-gegen-sofortueberweisung-ein-unzumutbares-bezahlsystem/12053726.html* (abgerufen am 04.02.2017).

Otto Group: „Otto Grop nimmt Yapital aus dem Geschäft mit dem Endkunden", *http://www.ottogroup.com/de/newsroom/meldungen/Otto-Group-nimmt-Yapital-aus-dem-Geschaeft-mit-dem-Endkunden.php* (abgerufen am 31.01.2017)

paydirekt GmbH: „Fast-Facts", *https://www.paydirekt.de/presse/medien/170106_Fast-Facts.pdf* (abgerufen am 25.01.2017).

paydirekt GmbH: „Händler", *https://www.paydirekt.de/haendler/index.html* (abgerufen am 30.01.2017).

paydirekt GmbH: „Hilfe", https://www.paydirekt.de/kaeufer/hilfe.html (abgerufen am 26.01.2017).

paydirekt GmbH: „Käufer", *https://www.paydirekt.de/kaeufer/index.html* (abgerufen am 26.01.2017).

paydirekt GmbH: „Über Uns", *https://www.paydirekt.de/ueberuns/index.html* (abgerufen am 25.01.2017).

PayPal Inc.: „Demo",

https://demo.paypal.com/de/demo/home (abgerufen am 28.01.2017).

PayPal Inc.: „Express-Checkout",
https://www.paypal.com/de/webapps/mpp/express-checkout (abgerufen am 25.01.2017).

PayPal Inc.: „Konto eröffnen",
https://www.paypal.com/de/cgi-bin/webscr?cmd=_registration-run-validated&account_type=1&country=DE&cid=M9FKEKE6YVT23J8S?campaign=true
(abgerufen am 25.01.2017).

PayPal Inc.: „Online Bezahlen",
https://www.paypal.com/de/webapps/mpp/pay-online (abgerufen am 28.01.2017).

PayPal Inc.: „Ratenzahlung in Deutschland",
https://www.paypal.com/de/webapps/mpp/installments (abgerufen am 25.01.2017).

PayPal Inc.: „Über PayPal",
https://www.paypal.com/de/webapps/mpp/about (abgerufen am 28.01.2017).

PayPal Inc: „Allgemeine Geschäftsbedingungen",
https://www.paypal.com/de/webapps/mpp/ua/third-parties-list (abgerufen am
04.02.2017).

PricewaterhouseCoopers: „Mobile-Payment-Branche steht vor Marktbereinigung",
http://www.pwc.de/de/digitale-transformation/mobile-payment-branche-steht-vor-marktbereinigung.html (abgerufen am 14.01.2017).

RetailMeNot: „E-Commerce Studie 2015",
http://www.retailmenot.de/studien/e-commerce-studie-2015 (abgerufen am 19.01.2017).

SOFORT GmbH: „Altersverifikation im Internet",

https://www.giropay.de/haendler/online-altersverifikation/ (abgerufen am 25.01.2017).

SOFORT GmbH: „Online zahlen mit SOFORTüberweisung",

https://www.sofort.com/ger-DE/kaeufer/su/online-zahlen-mit-sofort-ueberweisung/
(abgerufen am 30.01.2017).

SOFORT GmbH: „So funktionierts",

https://www.sofort.com/ger-DE/kaeufer/su/so-funktioniert-sofort-ueberweisung/
(abgerufen am 20.01.2017).

SOFORT GmbH: „Über Uns",

https://www.sofort.com/ger-DE/ueber-uns/ueber-marktfuehrer-sofort-gmbh/ (abgerufen
am 20.01.2017).

Statista: „Onlinebanking penetration in leading european countries",

https://www.statista.com/statistics/222286/online-banking-penetration-in-leading-
european-countries/ (abgerufen am 25.01.2017)

Statista: „Umfrage zu Problemen beim Online-Einkauf",

*https://de.statista.com/statistik/daten/studie/252375/umfrage/umfrage-zu-problemen-
beim-online-einkauf/* (abgerufen am 05.01.17).

Statista: „Umsatz der größten Onlineshops in Deutschland",

https://de.statista.com/statistik/daten/studie/170530/umfrage/umsatz-der-groessten-
online-shops-in-deutschland (abgerufen am 13.01.17).

Süddeutsche: „Computer-Online-Bezahldienst Clickandbuy schließt im Mai 2016",

*http://www.sueddeutsche.de/news/wirtschaft/ computer-online-bezahldienst-
clickandbuy-schliesst-im-mai-2016-dpa.urn-newsml-dpa-com-20090101-151203-99-
76584* (abgerufen am 31.01.2017).

World Wide Web Consortium: „History",

https://www.w3.org/Consortium/facts#history (abgerufen am 25.01.2017).

Quelle des Titelblatts:

Paydirekt: „Pressematerialien: Bildmaterial und Infografiken",
https://www.paydirekt.de/presse/paydirekt-online-bezahlsystem-pressematerial.html
(abgerufen am 01.02.2017)

Anhang 1 – Zahlungsablauf mit paydirekt

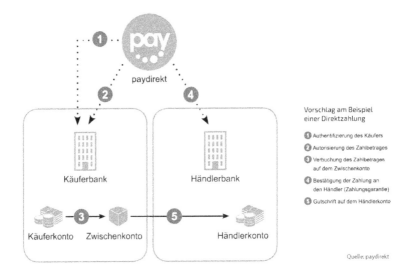

Vorschlag am Beispiel
einer Direktzahlung

1 Authentifizierung des Käufers

2 Autorisierung des Zahlbetrages

3 Verbuchung des Zahlbetrages
auf dem Zwischenkonto

4 Bestätigung der Zahlung an
den Händler (Zahlungsgarantie)

5 Gutschrift auf dem Händlerkonto

Quelle: paydirekt

Anhang 2 – Fragebogen der Onlineumfrage

Einleitung

Herzlich Willkommen

Diese Umfrage erfolgt im Rahmen meiner Bachelorarbeit über Zahlungsverfahren im Onlinehandel.

Alle Angaben werden ausschließlich für wissenschaftliche Zwecke verwendet und in keinem Fall an Dritte weitergegeben. Die Befragung wird vertraulich durchgeführt und anonym ausgewertet. Personenbezogene Daten werden nicht erhoben.

Die Gesamtdauer der Umfrage beträgt etwa 7-8 Minuten. Bitte nehmen Sie sich genügend Zeit die Fragestellungen zu lesen und Ihre Antwort zu wählen.

Bei Fragen stehe ich jederzeit zur Verfügung. (mail@nicobrockmann.de)

Herzlichen Dank für Ihre Unterstützung!

Frage 1

Bitte geben Sie Ihr Geschlecht an

Mann

Frau

keine Angabe

Frage 2

Bitte wählen Sie Ihre Altersgruppe aus

0-19 Jahre

20-29 Jahre

30-39 Jahre

40-49 Jahre

50-60 Jahre

> 60 Jahre

Frage 3

Wie häufig betreiben Sie Onlineshopping?

- mehr als 1x pro Woche
- 1x pro Woche
- 3x pro Monat
- 2x pro Monat
- 1x im Monat
- Weniger als 1x im Monat

Frage 4

Sind Sie mit folgenden Zahlungsverfahren vertraut? Wenn ja, wie häufig nutzen Sie diese?

Wählen Sie einen Punkt pro Zahlungsverfahren.

	Nutze ich regelmäßig	Nutze ich gelegentlich	Habe ich bereits genutzt, nutze es jedoch selten	Ist mir bekannt, habe ich aber nicht genutzt	Ist mir unbekannt
Rechnung	○	○	○	○	○
Kreditkarte	○	○	○	○	○
Vorkasse	○	○	○	○	○
PayPal	○	○	○	○	○
SOFORTüberweisung	○	○	○	○	○
giropay	○	○	○	○	○
paydirekt	○	○	○	○	○

Frage 5

Die untenstehende Fragestellung befasst sich mit Bewertungskriterien von Zahlungsverfahren.
Für ein besseres Verständnis sind diese hier aufgeführt und kurz beschrieben.

Technische Sicherheit: Die Übertragung der Zahlungsinformationen ist verschlüsselt und sicher. Die Daten können nicht verändert oder missbraucht werden.

Nachvollziehbarkeit der Transaktionen: Beide Zahlungsparteien können die getätigten Transaktionen einsehen und nachweisen.

Datenschutz der persönlichen Daten: Die persönlichen Informationen werden von dem Zahlungsdienstleister vertraulich behandelt und nicht an Dritte weitergegeben.

Einfache Nutzung: Das Zahlungsverfahren ist schnell verständlich und einfach in der Handhabung.

Breite Akzeptanz in vielen Onlinshops: Mit dem Zahlungsmittel kann ich in vielen Onlineshops bezahlen.

Schnelle Abwicklung: Die Zahlung erfolgt schnell und die Ware wird frühzeitig verschickt.

Zusatzfunktionen: Der Zahlungsdienst bietet neben der eigentlichen Bezahlfunktion weitere Zusatzfunktionen. (z.B. Geld an Freunde versenden, Ratenkauf)

Erhobene Kosten für ein Zahlungsverfahren: Die Nutzung eines Zahlungsverfahren ist für Sie günstig oder kostenlos.

Möglichkeit eine Zahlung zu Wiederrufen: Ich kann eine Zahlung wiederrufen, wenn ich mit der gelieferten Ware nicht einverstanden bin.

Ordnen Sie die Kriterien von Zahlungsverfahren nach Ihrer Präferenz

Wählen Sie ein Element an und verschieben Sie es an die gewünschte Position. Ziehen Sie die wichtigen Elemente nach oben und ordnen Sie die unwichtigen Elemente nach unten.

Frage 6

	Stimme ich voll zu	Stimme ich größtenteils zu	Neutral	Stimme ich eher nicht zu	Stimme gar nicht zu
Ich ziehe es vor sämtliche Zahlungen egal ob im Internet oder Offline von einen Dienstleister (z.B. meine Hausbank oder PayPal) abwickeln zu lassen.	○	○	○	○	○
Ich vertraue beim Thema Datenschutz meiner Hausbank mehr als einem externen Dienstleister. (z.B. Paypal)	○	○	○	○	○
Ich habe **keine** Bedenken meine Kontodaten im Internet anzugeben.	○	○	○	○	○
Wenn ein Onlineshop mein favorisiertes Zahlungssystem nicht anbietet, dann wechsel ich zu einem anderen Shop, bei dem ich damit bezahlten kann.	○	○	○	○	○
Wenn für die Zahlung mit einem Zahlungssystem ein Rabatt gewährt wird, bin ich bereit mich dafür zu registrieren damit zu bezahlen um den Rabatt zu erhalten.	○	○	○	○	○

Frage 7

Elektronische Zahlungsdienste (z.B. PayPal) verfügen oftmals über Zusatzfunktionen, die über den eigentich Bezahlprozess hinausgehen. Sie finden hier einige Beispiele für solche Zusatzfunktionen aufgeführt.

Geld an Freunde senden: Geldbetrage können alleine durch die Angabe einer E-Mail oder einer Handynummer an andere Personen geschickt werden.

Ratenfinanzierung: Die geleisteten Zahlungen können in Raten abbezahlt werden. Bsp: Kauf einer Ware im Wert von 100€. Rückzahlung in 5 Raten à 20€.

Altersverifikation im Internet: Der Zahlungsdiensleister bietet einen Service die eigene Volljahrigkeit im Internet zu bestätigen. (Alternative zum Einscannen des Personalausweises)

Checkout ohne Registrierung im Onlineshop: Für den Einkauf ist keine Registrierung im Onlineshop notig. Der Kunde loggt sich lediglich mit seinen Daten des Zahlungsdienstes ein. Zahlungsinformationen und Lieferadresse bezieht der Shop vom dem Zahlungsdienst. (Bsp: Check-out-with-PayPal)

Bewerten Sie die folgenden Zusatzfunktionen von elektronischen Zahlungsdiensten. Welchen Nutzen haben diese für Sie persönlich?

	Sehr nützlich	Nützlich	Neutral	Eher unnützlich	Bietet keinen Mehrwert
Geld an Freunde senden					
Ratenfinanzierung					
Altersverifikation im Internet					
Checkout ohne Registrierung im Onlineshop					

Anhang 3 – Ergebnisse der gesamten Stichprobe

(n = 108)

Frage 1: Geschlecht

Optionen	Anzahl	Häufigkeit
Mann	60	56,07%
Frau	47	43,93%
keine Angabe	0	0,00%

Frage 2: Alter

Optionen	Anzahl	Häufigkeit
0-19 Jahre	11	10,19%
20-29 Jahre	79	73,15%
30-39 Jahre	3	2,78%
40-49 Jahre	3	2,78%
50-60 Jahre	11	10,19%
über 60 Jahre	1	0,93%

Frage 3: Häufigkeit des Onlineshoppings:

Optionen	Anzahl	Häufigkeit
mehr als 1x pro Woche	11	10,19%
1x pro Woche	24	22,22%
2x pro Monat	26	24,07%
3x pro Monat	10	9,26%
1x im Monat	26	24,07%
Weniger als 1x im Monat	11	10,19%

Frage 4: Nutzung und Bekanntheit von Zahlungssystemen

Absolute Häufigkeit:

Anzahl Antworten		regelmäßig	gelegentlich	selten	bekannt, nicht genutzt	unbekannt
Rechnung	V5	41	22	25	17	2
Kreditkarte	V6	26	19	25	37	1
Vorkasse	V7	6	15	34	48	3
PayPal	V11	49	16	12	30	1
SOFORTüberweisung	V12	18	17	26	42	3
giropay	V13	3	2	10	54	38
paydirekt	V21	0	1	5	64	37

Relative Häufigkeit

Häufigkeit in %		regelmäßig	gelegentlich	selten	bekannt, nicht genutzt	unbekannt
Rechnung	V5	38,32%	20,56%	23,36%	15,89%	1,87%
Kreditkarte	V6	24,07%	17,59%	23,15%	34,26%	0,93%
Vorkasse	V7	5,66%	14,15%	32,08%	45,28%	2,83%
PayPal	V11	45,37%	14,81%	11,11%	27,78%	0,93%
SOFORTüberweisung	V12	16,98%	16,04%	24,53%	39,62%	2,83%
giropay	V13	2,80%	1,87%	9,35%	50,47%	35,51%
paydirekt	V21	0,00%	0,93%	4,67%	59,81%	34,58%

Frage 5: Bewertungskriterien von Zahlungsverfahren

Anzahl Antworten	Platz 1	Platz 2	Platz 3	Platz 4	Platz 5	Platz 6	Platz 7	Platz 8	Platz 9
Technische Sicherheit	52	27	5	10	6	3	4	1	0
Datenschutz der persönlichen Daten	27	41	9	11	4	7	5	4	0
Einfache Nutzung	7	13	18	15	22	12	13	7	1
Breite Akzeptanz in vielen Onlineshops	8	8	12	18	14	19	14	12	3
Schnelle Abwicklung	5	7	19	10	19	17	17	14	0
Erhobene Kosten für ein Verfahren	5	6	14	12	14	19	16	15	7
Zusatzfunktionen	0	1	1	0	1	2	4	16	83
Möglichkeit Zahlung zu widerrufen	1	1	14	16	14	20	20	19	3
Nachvollziehbarkeit der Transaktionen	3	4	16	16	14	9	15	20	11

Frage 6: Nutzen von Zusatzfunktionen

Absolute Häufigkeit

Anzahl Antworten	Sehr nützlich	Nützlich	Neutral	Eher unnütz	Bietet keinen Mehrwert
P2P-Zahlungen	20	33	24	16	15
Ratenfinanzierung	5	32	32	20	19
Altersverifikation	21	37	33	10	7
Speedcheckout	38	39	23	4	4

Relative Häufigkeit

Antworten	Sehr nützlich	Eher nützlich	Neutral	Eher unnützlich	Bietet keinen Mehrwert
P2P-Zahlung	9,5%	28,6%	25,4%	19,1%	17,5%
Ratenfinanzierung	3,2%	30,2%	28,6%	19,1%	19,1%
Altersverifikation	15,9%	36,5%	31,8%	9,5%	6,4%
Speedcheckout	33,3%	36,5%	25,4%	1,6%	3,2%

Frage 7: Bewertung von Aussagen

Antworten	Stimme ich voll zu	Stimme größtenteils zu	Neutral	Stimme eher nicht zu	Stimme gar nicht zu
A1	18	32	5	7	1
A2	23	19	13	7	1
A3	0	19	10	22	12
A4	16	32	9	6	0
A5	2	19	13	21	8

Anhang 4 – Ergebnisse der Teilnehmergruppe: unerfahrene Käufer

(n = 63)

Frage 1: Geschlecht

Optionen	Anzahl	Häufigkeit
Mann	29	46,03%
Frau	34	53,97%
keine Angabe	0	0,00%

Frage 2: Alter

Optionen	Anzahl	Häufigkeit
0-19 Jahre	7	11,11%
20-29 Jahre	45	71,43%
30-39 Jahre	2	3,17%
40-49 Jahre	0	0,00%
50-60 Jahre	9	14,29%
über 60 Jahre	0	0,00%

Frage 3: Häufigkeit des Onlineshoppings

Optionen	Anzahl	Häufigkeit
mehr als 1x pro Woche	0	0,00%
1x pro Woche	0	0,00%
2x pro Monat	26	41,27%
3x pro Monat	0	0,00%
1x im Monat	26	41,27%
Weniger als 1x im Monat	11	17,46%

Frage 4: Nutzung und Bekanntheit von Zahlungssystemen

Absolute Häufigkeit

Anzahl Antworten	Regelmäßig	Gelegentlich	selten	bekannt, nicht genutzt	Unbekannt
Rechnung	26	12	14	11	0
Kreditkarte	12	9	17	25	0
Vorkasse	3	9	17	33	0
PayPal	23	12	5	23	0
SOFORTüberweisung	14	12	13	22	2
giropay	1	1	5	29	27
paydirekt	0	1	3	35	24

Relative Häufigkeit

Anzahl Antworten	Regelmäßig	Gelegentlich	selten	bekannt, nicht genutzt	Unbekannt
Rechnung	41,3%	19,1%	22,2%	17,5%	0,0%
Kreditkarte	19,1%	14,3%	27,0%	39,7%	0,0%
Vorkasse	4,8%	14,5%	27,4%	53,2%	0,0%
PayPal	36,5%	19,1%	7,9%	36,5%	0,0%
SOFORTüberweisung	22,2%	19,1%	20,6%	34,9%	3,2%
giropay	1,6%	1,6%	7,9%	46,0%	42,9%
paydirekt	0,0%	1,6%	4,8%	55,6%	38,1%

Frage 5: Bewertungskriterien von Zahlungsverfahren

Anzahl Antworten	Top Rank	Platz 1	Platz 2	Platz 3	Platz 4	Platz 5	Platz 6	Platz 7	Platz 8	Platz 9
Technische Sicherheit	1	35	16	3	4	2	1	1	1	0
Datenschutz der persönlichen Daten	2	17	27	5	5	1	3	3	2	0
Einfache Nutzung	4	1	9	9	11	10	11	9	2	1
Breite Akzeptanz in vielen Onlineshops	4	1	9	9	10	10	7	10	3
Schnelle Abwicklung	5	3	2	11	7	13	10	9	8	0
Erhobene Kosten für ein Verfahren	6	2	3	6	6	11	13	10	8	4
Zusatzfunktionen	9	0	0	0	0	0	1	2	10	50
Möglichkeit Zahlung zu widerrufen	7	0	1	9	10	10	11	12	9	1
Nachvollziehbarkeit der Transaktionen	8	1	4	11	11	6	3	10	13	4

Frage 6: Nutzen von Zusatzfunktionen

Absolute Häufigkeit

Anzahl Antworten	Sehr nützlich	Eher nützlich	Neutral	Eher unnütz	Bietet keinen Mehrwert
P2P-Zahlung	6	18	16	12	11
Ratenfinanzierung	2	19	18	12	12
Altersverifikation	10	23	20	6	4
Speedcheckout	21	23	16	1	2

Relative Häufigkeit

Antworten	Sehr nützlich	Eher nützlich	Neutral	Eher unnütz	Bietet keinen Mehrwert
P2P-Zahlung	9,5%	28,6%	25,4%	19,1%	17,5%
Ratenfinanzierung	3,2%	30,2%	28,6%	19,1%	19,1%
Altersverifikation	15,9%	36,5%	31,8%	9,5%	6,4%
Speedcheckout	33,3%	36,5%	25,4%	1,6%	3,2%

Frage 7: Bewertung von Aussagen

Antworten	Stimme ich voll zu	Stimme größtenteils zu	Neutral	Stimme eher nicht zu	Stimme gar nicht zu
A1	18	32	5	7	1
A2	23	19	13	7	1
A3	0	19	10	22	12
A4	16	32	9	6	0
A5	2	19	13	21	8

Anhang 5 - Ergebnisse der Teilnehmergruppe: erfahrene Käufer

(n = 45)

Frage 1: Geschlecht

Optionen	Anzahl	Häufigkeit
Mann	31	70,45%
Frau	13	29,55%
keine Angabe	0	0,00%

Frage 2: Alter

Optionen	Anzahl	Häufigkeit
0-19 Jahre	4	8,89%
20-29 Jahre	34	75,56%
30-39 Jahre	1	2,22%
40-49 Jahre	3	6,67%
50-60 Jahre	2	4,44%
Über 60 Jahre	1	2,22%

Frage 3: Häufigkeit des Onlineshoppings:

Optionen	Anzahl	Häufigkeit
mehr als 1x pro Woche	11	24,44%
1x pro Woche	24	53,33%
3x pro Monat	10	22,22%
2x pro Monat	0	0,00%
1x im Monat	0	0,00%
Weniger als 1x im Monat	0	0,00%

Frage 4: Nutzung und Bekanntheit von Zahlungssystemen

Absolute Häufigkeit:

Anzahl Antworten		regelmäßig	gelegentlic h	selten	bekannt, nicht genutzt	unbekannt
Rechnung	V5	15	10	11	6	2
Kreditkarte	V6	14	10	8	12	1
Vorkasse	V7	3	6	17	15	3
PayPal	V11	26	4	7	7	1
SOFORTüberweisung	V12	4	5	13	20	1
giropay	V13	2	1	5	25	11
paydirekt	V21	0	0	2	29	13

Relative Häufigkeit

Häufigkeit in %		regelmäßig	gelegentlich	selten	bekannt, aber nicht genutzt	unbekannt
Rechnung	V5	34,09%	22,73%	25,00%	13,64%	4,55%
Kreditkarte	V6	31,11%	22,22%	17,78%	26,67%	2,22%
Vorkasse	V7	6,82%	13,64%	38,64%	34,09%	6,82%
PayPal	V11	57,78%	8,89%	15,56%	15,56%	2,22%
SOFORTüberweisung	V12	9,30%	11,63%	30,23%	46,51%	2,33%
giropay	V13	4,55%	2,27%	11,36%	56,82%	25,00%
paydirekt	V21	0,00%	0,00%	4,55%	65,91%	29,55%

Frage 5: Bewertungskriterien von Zahlungsverfahren

Anzahl Antworten	Top Rank	Platz 1	Platz 2	Platz 3	Platz 4	Platz 5	Platz 6	Platz 7	Platz 8	Platz 9
Technische Sicherheit	1	17	11	2	6	4	2	3	0	0
Datenschutz der persönlichen Daten	2	10	14	4	6	3	4	2	2	0
Einfache Nutzung	5	6	4	9	4	12	1	4	5	0
Breite Akzeptanz in vielen Onlineshops	4	4	7	3	9	4	9	7	2	0
Schnelle Abwicklung	3	2	5	8	3	6	7	8	6	0
Erhobene Kosten für ein Verfahren	3	3	3	8	6	3	6	6	7	3
Zusatzfunktionen	9	0	1	1	0	1	1	2	6	33
Möglichkeit Zahlung zu widerrufen	8	1	0	5	6	4	9	8	10	2
Nachvollziehbarkeit der Transaktionen		2	0	5	5	8	6	5	7	7

Frage 6: Nutzen von Zusatzfunktionen

Absolute Häufigkeit

Anzahl Antworten	Sehr nützlich	Eher nützlich	Neutral	Eher unnütz	Bietet keinen Mehrwert
P2P-Zahlung	6	18	16	12	11
Ratenfinanzierung	2	19	18	12	12
Altersverifikation	10	23	20	6	4
Speedcheckout	21	23	16	1	2

Relative Häufigkeit

Antworten	Sehr nützlich	Eher nützlich	Neutral	Eher unnütz	Bietet keinen Mehrwert
P2P-Zahlung	9,5%	28,6%	25,4%	19,1%	17,5%
Ratenfinanzierung	3,2%	30,2%	28,6%	19,1%	19,1%
Altersverifikation	15,9%	36,5%	31,8%	9,5%	6,4%
Speedcheckout	33,3%	36,5%	25,4%	1,6%	3,2%

Frage 7: Bewertung von Aussagen

Antworten	Stimme ich voll zu	Stimme größtenteils zu	Neutral	Stimme eher nicht zu	Stimme gar nicht zu
A1	18	32	5	7	1
A2	23	19	13	7	1
A3	0	19	10	22	12
A4	16	32	9	6	0
A5	2	19	13	21	8

Anhang 6 – Auswertung Frage 5

Gesamte Stichprobe:

	2	1	0	-1	-2	Summe	Wert
A1	30	54	11	10	3	108	0,91
A2	40	32	20	12	4	108	0,85
A3	19	42	16	27	4	108	0,42
						M1:	0,7

	2	1	0	-1	-2	Summe	Wert
A4	25	53	15	14	1	108	0,81
A5	14	29	21	32	12	108	0,01
						M2:	0,41

Erfahrene Nutzer:

	2	1	0	-1	-2	Summe	Wert
H1	12	22	6	3	2	45	0,87
H2	17	13	7	5	3	45	0,8
H3	7	20	6	8	4	45	0,4
						M1:	0,69

	2	1	0	-1	-2	Summe	Wert
H4	1	8	6	21	9	45	-0,64
H5	10	13	8	8	6	45	0,29
						M2:	-0,18

Unerfahrene Nutzer:

	2	1	0	-1	-2	Summe	Wert
H1	18	32	5	7	1	63	0,94
H2	23	19	13	7	1	63	0,89
H3	12	22	10	19	0	63	0,43
						M1:	0,75

	2	1	0	-1	-2	Summe	Wert
H4	0	6	9	32	16	63	-0,92
H5	2	19	13	21	8	63	-0,22

						M2:	-0,57

Nutzer elektronischer Zahlungserfahren:

	2	1	0	-1	-2	Summe	Wert
H1	23	30	4	5	1	63	1,09
H2	19	16	15	11	2	63	0,61
H3	9	24	9	18	3	63	0,28
						M1:	0,66

	2	1	0	-1	-2	Summe	Wert
H4	1	10	9	26	17	63	-0,76
H5	8	19	12	18	6	63	0,08
						M2:	-0,34

Nutzer klassischer Zahlungsverfahren;

	2	1	0	-1	-2	Summe	Wert
H1	17	32	9	3	1	62	0,98
H2	24	20	8	9	1	62	0,91
H3	9	26	10	17	0	62	0,43
						M1:	0,78

	2	1	0	-1	-2	Summe	Wert
H4	0	10	10	25	17	62	-0,79
H5	6	16	13	19	8	62	-0,11
						M2:	-0,45

Nutzer die häufig per Rechnung zahlen:

	2	1	0	-1	-2	Summe	Wert
H1	15	31	7	8	2	63	0,78
H2	24	18	13	6	2	63	0,89
H3	14	23	10	14	2	63	0,52
						M1:	0,73

	2	1	0	-1	-2	Summe	Wert
H4	0	7	7	31	18	63	-0,95
H5	9	17	11	18	9	64	-0,015
						M2:	-0,48

Nutzer die häufig per Kreditkarte zahlen:

	2	1	0	-1	-2	Summe	Wert
H1	18	31	5	8	1	63	0,9
H2	23	19	13	7	1	63	0,89
H3	12	22	10	19	0	63	0,43
						M1:	0,74

	2	1	0	-1	-2	Summe	Wert
H4	0	6	9	32	16	63	-0,9
H5	2	19	12	21	8	62	-0,2
						M2:	-0,6

Nutzer, die häufig per Vorkasse zahlen:

	2	1	0	-1	-2	Summe	Wert
H1	9	10	2	0	0	21	1,33
H2	8	3	6	3	1	21	0,67
H3	3	8	5	4	1	21	0,38
						M1:	0,79

	2	1	0	-1	-2	Summe	Wert
H4	0	3	3	12	3	21	-0,71
H5	2	6	6	4	3	21	0
						M2:	-0,36

Nutzer, die häufig per SOFORTüberweisung zahlen:

	2	1	0	-1	-2	Summe	Wert
H1	9	21	3	2	0	35	1,06
H2	12	11	8	3	1	35	0,86
H3	2	15	8	8	2	35	0,2
							0,7

	2	1	0	-1	-2	Summe	Wert
H4	0	5	4	17	9	35	-0,9
H5	4	10	4	13	4	35	-0,1
							-0,5

Anhang 7 – Auswertung Frage 6

Gesamte Stichprobe

Funktion	2	1	0	-1	-2	Summe	Wert
P2P-Zahlungen	20	33	24	16	15	108	0,250
Ratenfinanzierung	5	32	32	20	19	108	-0,148
Altersverifikation	21	37	33	10	7	108	0,509
Speedcheckout	38	39	23	4	4	108	0,954

Erfahrene Käufer

Funktion	2	1	0	-1	-2	Summe	Wert
P2P-Zahlungen	20	33	24	16	15	108	0,250
Ratenfinanzierung	5	32	32	20	19	108	-0,148
Altersverifikation	21	37	33	10	7	108	0,509
Speedcheckout	38	39	23	4	4	108	0,954

Unerfahrene Käufer

Funktion	2	1	0	-1	-2	Summe	Wert
P2P-Zahlungen	6	18	16	12	11	63	-0,063
Ratenfinanzierung	2	19	18	12	12	63	-0,206
Altersverifikation	10	23	20	6	4	63	0,460
Speedcheckout	21	23	16	1	2	63	0,952

Nutzer klassischer Zahlungsverfahren

Funktion	2	1	0	-1	-2	Summe	Wert
P2P-Zahlungen	13	18	12	10	9	62	0,258
Ratenfinanzierung	4	16	19	13	10	62	-0,145
Altersverifikation	13	19	21	4	5	62	0,500
Speedcheckout	24	19	15	3	1	62	1,000

Nutzer elektronischer Zahlungsverfahren

Funktion	2	1	0	-1	-2	Summe	Wert
P2P-Zahlungen	16	18	13	9	7	63	0,429
Ratenfinanzierung	4	19	19	13	8	63	-0,032
Altersverifikation	15	23	18	6	1	63	0,714
Speedcheckout	25	23	11	2	2	63	1,063

Anhang 8 – Berechnung des Punktewertes der Zusatzfunktionen

Funktion	Punktewert					Berechnung		
	1	2	3	4	5	Summe	Anteil	**Punkte**
P2P-Zahlungen	20	33	24	16	15	351	0,240	**2**
Ratenfinanzierung	5	32	32	20	19	308	0,210	**2**
Altersverifikation	21	37	33	10	7	379	0,259	**3**
Speed-Checkout	38	39	23	4	4	427	0,291	**3**
					Gesamt	1465	1	**10**

Erklärung:

Den Bewertungskategorien werden folgende Punktewerte zugeordnet:

Kategorie	Wert
Sehr nützlich	5
Eher nützlich	4
Neutral	3
Eher unnütz	2
Kein Mehrwert	1

Für jede Bewertung eines Umfrageteilnehmers erhält die entsprechende Funktion den jeweiligen Punktewert der gewählten Bewertungskategorie. Aus der Summe der Punktewerte, die eine Funktion erhält, lässt sich darauf eine prozentuale Gewichtung der Funktionen errechnen. Die prozentuale Gewichtung wird daraufhin auf ganze Zahlen gerundet und an die Bewertungsskala von max. 10 Punkten hochgerechnet.

Anhang 9 – Kosten von Zahlungsverfahren aus Kundensicht

Die verwendete Statistik gibt den prozentualen Anteil von Onlineshops an, die einen Rabatt gewähren bzw. eine Gebühr für die Zahlung mit bestimmten Zahlungsverfahren verlangen.

Aus der Subtraktion der Anzahl der Shops, die eine Gebühr verlangen, von der Anzahl der Shops, die einen Rabatt gewähren, ergibt sich ein Rabatt/Gebühren-Verhältnis für jedes Zahlungssystem

Verfahren	Rabatt	Gebühr	Verhältnis
Vorkasse	19 %	1 %	18
SÜ	11 %	5 %	6
Re	9 %	10 %	-1
KK	4 %	17 %	-13
PP	4 %	14 %	-10
GP	12 %	3 %	9
PD	0 %	0 %	0

Anhand der aufgestellten Intervallskala kann jedem Zahlungsverfahren nach dessen Rabatt/Gebühren-Verhältnis ein Punktewert zugeordnet werden.

Punktwert	Intervall	
	von	bis
0	-17	-20
1	-13	-16
2	-9	-12
3	-5	-8
4	-1	-4
5	0	0
6	1	4
7	5	8
8	9	12
9	13	16
10	17	20

Anhang 10 – Verbreitung der Zahlungsverfahren in den Top-20-Shops

Bietet ein Shop ein Zahlungsmittel an, erhält dieser ein „X".

Händler	PP	SÜ	GP	PD	Re	Vk	KK	Quelle:
Amazon					X		X	https://www.amazon.de/gp/help/customer/display.html?nodeId=201271040
Otto	X				X	X	X	https://www.otto.de/shoppages/service/payment
Zalando	X				X		X	https://www.zalando.de/faq?path=/Zahlung/
Notebooksbilliger	X	X			X	X	X	https://support.notebooksbilliger.de/hc/de/articles/212473825-Welche-Zahlungsoptionen-gibt-es
Cyberport	X	X	X			X	X	https://www.cyberport.de/zahlung
Bonprix	X	X			X	X	X	https://www.bonprix.de/
Tchibo	X				X	X	X	http://www.tchibo.de/
Conrad	X	X			X	X	X	https://www.conrad.de/
Alternate	X	X		X	X	X	X	https://www.alternate.de/HILFE/Zahlungsarten?tk=118&lk=2432
Apple	X				X		X	http://www.apple.com/de/shop/help/payments
H&M					X		X	https://www.hm.com/de/customer-service/payments
Esprit	X	X			X		X	http://www.esprit.de/support?cmd=VIEW_ARTICLE&article=146
Baur	X	X			X		X	https://www.baur.de/service-hilfe/service/bezahlen/allgemein/
Doc. Morris	X	X		X	X		X	https://www.docmorris.de/
mytoys	X	X			X		X	http://www.mytoys.de/
Thomann	X	X				X	X	https://www.thomann.de/de/index.html
Degussa-Goldhandel						X	X	https://shop.degussa-goldhandel.de/zahlungsart
Media Markt	X	X		X	X	X	X	http://www.mediamarkt.de/de/shop/service/zahlungsmoeglichkeiten.html
Redcoon	X	X	X		X	X	X	https://www.redcoon.de/shipping#a05
Mindfactory	X	X	X	X		X		http://www.mindfactory.de/info_center.php/icID/93
Gesamt	17	13	3	4	16	12	19	

Anhang 11 – Beispielhafte Disruption

Eine der wohl bekanntesten Disruptionen war in den letzten Jahren in der Musikindustrie zu beobachten. Neue Technologien wie das mp3-Format und die Erschließung des Internets als Vertriebskanal nahmen große Auswirkungen auf die traditionelle Wertschöpfungskette der Branche. (Vgl. Clement/Schreiber 2010, S. 383) Die Innovationen bildeten die Grundlage für neue Geschäftsmodelle, wie iTunes oder dem Vertrieb von physischen Tonträgern über das Internet. Die neuen Vertriebsstrategien der Geschäftsmodelle verdrängten den traditionellen Musikhandel zunehmend. Wurden im Jahr 2005 noch 70 % des Umsatzes der Branche im stationären Handel erwirtschaftet, liegt dieser Anteil zehn Jahre später bei nur noch 37 %. Der Onlinekauf in digitalen Formaten auf Markplätzen wie iTunes oder Musicload konnte im selben Zeitraum von nahezu unbedeutenden Umsatzzahlen auf ganze 28 % der Markanteile ansteigen. Der Umsatz durch den Onlinekauf physischer Tonträger stieg von 17 % auf 32 %. Der Verkauf von Musik über weitere Vertriebskanäle, wie Katalog, Mailorder oder auf Veranstaltungen, ist von 11 % auf 1,5 % zurückgegangen und wurde von den digitalen Geschäftsmodellen nahezu komplett verdrängt. (Bundesverband Musikindustrie (2015), S. 28.) Seit einigen Jahren zeichnet sich mit Musikstreaming der disruptive Megatrend und Paradigmenwechsel in der Musikindustrie ab. Nutzer hören die Musik über das Internet, ohne dabei eine Kopie des Songs zu besitzen. Diese Nische wurde von zahlreichen Streaminganbietern erkannt und genutzt. Der Marktführer Spotify zählt aktuell 100 Millionen aktive Kunden. (Vgl. Beiersmann) Auch Apple, das mit iTunes bereits einen digitalen Musikhandel betreibt, bietet zudem ergänzend mit Apple-Music seit dem Jahr 2015 einen Streamingdienst an. (Vgl. Apple) Bereits heute wird mit Werbung und Premiumabonnements von Streamingdiensten etwa so viel Umsatz erzielt wie mit physischen und digitalem Verkauf von Musik insgesamt. In Zukunft wird der Anteil der Umsatzerlöse durch Streaminganbieter gegenüber dem Umsatz durch Verkauf von Musik weiter zunehmen. (Vgl. Bundesverband Musikindustrie 2015, S. 28.)

Quellen:

Apple: „Apple Music Mitgliedschaft",
http://www.apple.com/de/apple-music/membership/ (abgerufen am 01.02.2017)

Beiersmann, Stefan: „Spotify meldet 100 Millionen Nutzer weltweit",
http://www.zdnet.de/88272598/spotify-meldet-100-millionen-nutzer-weltweit/ (abgerufen am 01.02.2017).

Bundesverband Musikindustrie: „Musikwirtschaft in Deutschland",
http://www.musikindustrie.de/fileadmin/bvmi/upload/06_Publikationen/Musikwirtschaftsst udie/musikwirtschaft-in-deutschland-2015.pdf (aufgerufen am 01.02.2017).

Clement, Reiner; Schreiber, Dirk:
Internet-Ökonomie: Grundlagen und Fallbeispiele der vernetzten Wirtschaft. Heidelberg: Physica-Verlag HD, 2010.